대문자	소문자	명 칭	발 음
A	a	A	아
Ă	ă	Á	아
Â	â	ớ	어
B	b	Bê	베
C	c	Xê	쎄
D	d	Dê	제
Đ	đ	Đê	데
E	e	E	애
Ê	ê	Ê	에
G	g	Giê	제
H	h	Hát	핫
I	i	i(ngắn)	이 (응안)
K	k	Ca	까
L	l	e-lờ	앨러
M	m	em-mờ	앰머

대문자	소문자	명 칭	발 음
N	n	en-nờ	앤너
O	o	O	오 – 어
Ô	ô	Ô	오
Ơ	ơ	Ơ	어
P	p	Pê	뻬
Q	q	Cu	꾸
R	r	e-rờ	애러
S	s	ét-sì	앳씨
T	t	Tê	떼
U	u	U	우
Ư	ư	Ư	으
V	v	Vê	베
X	x	ích-xì	익씨
Y	y	i(dài)	이 (자이)

한 번만 봐도 기억에 남는
테마별 회화
베트남단어
2300

VLE연구소 엮음

베트남은 1955년 시작된 남북간 통일 전쟁이 1975년 끝날 때까지 20여 년의 긴 전쟁을 겪은 나라입니다. 하지만 오랜 전쟁의 후유증과 낙후된 농업 경제 여건을 극복한 베트남은 최근 들어 동남아 국가 중 성장 잠재력이 가장 큰 국가로 주목받고 있습니다.

1975년 공산화 통일되면서 미국을 비롯한 참전국 중의 한 나라였던 우리나라와도 국교는 단절되었지만, 미미하나마 경제적 관련을 유지해 오다가, 1992년 정식으로 국교 정상화가 이루어짐에 따라 경제적인 관계와 교류가 활발해져 베트남어의 필요성이 절실해졌습니다.

그러나 아직까지 쉽게 공부할 수 있는 베트남어 교재는 많지 않은 것 같습니다. 이에 비타민북의 테마별 외국어 단어장 시리즈로서, 베트남 단어책을 만들게 되었습니다.

베트남어는 우리말과는 물론, 영어와도 전혀 달라 보입니다. 게다가 성조도 있어서 얼핏 중국어와 비슷한 것처럼 보이지만, 중국어는 4성조인 데 비해 6성조로 되어 있고, 발음도 생소하여 배우기가 어렵게 느껴집니다. 이러한 베트남어는 다음과 같은 특징이 있습니다. 첫째, 중국어처럼 음의 고저나 굴절에 따라 의미가 변하는 성조 언어입니다. 둘째, 단음절어로서 어휘가 하나의 음절로 이루어진 것이 대부분이고, 두 음절인 어휘도 있지만 모두 한 음절씩 띄어서 발음하고 씁니다. 셋째, 중국어와 같은 고립어로서 조사가 없고 형용사·동사의 활용이 전혀 없어서, 즉 시제나 단·복수에 관계없이 변형이 없기 때문에 문장 속에서 문법적인 역할은 그 단어의 위치나 독립된 형태소에 의해 결정됩니다. 또한 중국 문화에서 많은 영향을 받아 오늘날 통용하는 베트남어의 명사 중 60%는 한자에 기반을 두고 있습니다. 이러한 특징이 한편으로는 베트남어를 좀 쉽게 배울 수 있는 요인들이 될 수도 있을 것이라고 생각합니다.

어느 외국어든지 그 단어만 잘 익히면 문법적으로는 다소 틀리더라도 기본적인 의사 표현은 할 수 있을 것입니다. 이 책에는 일상생활에 쓰이는 기본 단어들이 테마별로 수록되어 있고, 관련 보충 단어까지 풍부하게 들어 있습니다. 게다가 단어 아래에는 실제 생활에서 흔히 사용할 수 있는 짧은 문장을 넣어 더욱 쉽고 재미있게 익힐 수 있도록 하였습니다. 책 끝에는 자세하게 정돈된 색인을 넣었으므로 공부한 내용을 사전식으로 찾을 때 잘 활용할 수 있을 것입니다.

이 책이 베트남어에 관심이 있는 여러분들의 기대에 부응할 수 있다면, 또한 베트남어 학습의 초석이 된다면 더 이상 바람이 없을 것입니다.

VLE연구소

이 책은 본문을 9개 테마(Theme)로 나누고, 테마별로 작은 Unit을 두어 다양한 주제별 어휘(전체 어휘 약 2,300개 정도)를 실었다.

★ 그림 단어

재미있게 단어를 외울 수 있도록 그림을 함께 실었고, 베트남어에 더욱 쉽게 접근할 수 있도록 발음을 한글로 표기하였다. 또한 각 단어 아래에는 실생활 회화에서 흔히 사용되는 짧은 문장을 실어, 그 단어가 생생하게 연상 기억될 수 있도록 하였다.

★ 관련 단어

그림 단어와 관련된 테마의 단어를 보충하여, 베트남어의 어휘를 한층 더 넓힐 수 있게 하였다.

★ 회화와 짧은 문장

테마별 상황에 관련된 짧은 회화나 단어를 이용한 문장을 실어, 베트남어로 읽고 익힐 수 있게 하였다.

★ 복습문제

Theme가 끝날 때마다 연습문제를 두어, 단어를 익힌 후에는 스스로 테스트해볼 수 있도록 하였다.

★ 베트남 문화 엿보기

우리가 잘 알지 못하는 베트남 문화의 단면을 소개하여 베트남에 대한 이해를 돕고자 하였다.

★ 한글과 베트남어 색인(Index)

본문에 나온 어휘를 가나다 순의 한글 색인과 알파벳 순의 베트남어 색인으로 만들어, 한글과 베트남어 어느 쪽으로든 찾아보기 쉽게 배려하였다.

CONTENTS

Theme **4**

Theme **5**

Theme **9**

THEMATIC VIETNAMESE WORDS

1 인간
2 가정
3 수
4 도시
5 교통
6 업무
7 소핑
8 스포츠 · 취미
9 지연

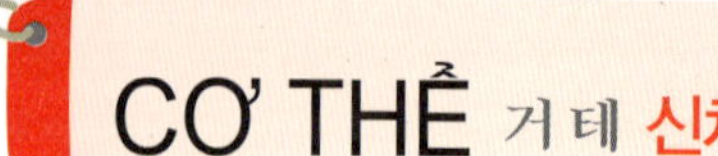

CƠ THỂ 거테 신체

PHẦN ĐẦU 펀더우 머리 부분

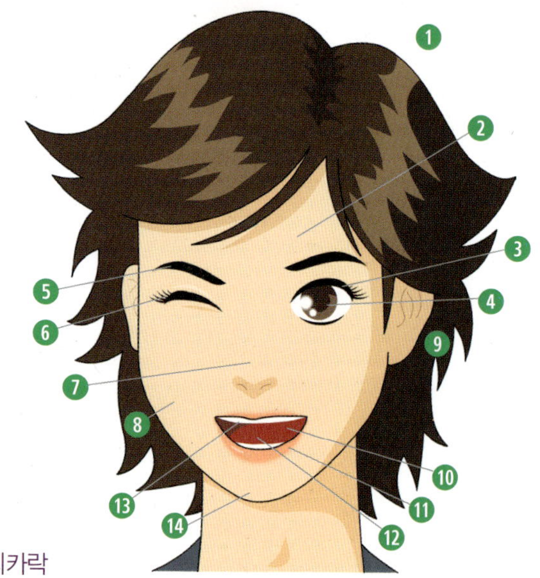

① ☐ **tóc** 똑 머리카락

② ☐ **trán** 짠 이마

③ ☐ **mắt** 맛 눈

④ ☐ **con ngươi** 껀 응어이 눈동자

⑤ ☐ **lông mày** 롱 마이 눈썹

⑥ ☐ **lông mi** 롱 미 속눈썹

⑦ ☐ **mũi** 무이 코

⑧ ☐ **má** 마 볼, 뺨

9 □ **tai** 따이 귀

10 □ **miệng** 미엥 입

11 □ **môi** 모이 입술

12 □ **lưỡi** 르어이 혀

13 □ **răng** 랑 이, 치아

14 □ **cằm** 깜 턱

관련 단어

□ **lúm đồng tiền** 룸 동 띠엔 보조개

□ **nốt ruồi** 놋 루오이 점

□ **nếp nhăn** 넵 냔 주름

□ **mụn** 문 여드름

□ **râu** 러우 수염

□ **xương sọ** 쓰엉 서 두개골

A: Cô ấy có xinh không?
고 에이 거 싱 콩?
그녀는 예뻐요?

B: Có, mặt cô ấy xinh.
거, 맛 고 에이 싱.
네, 그녀는 얼굴이 예뻐요.

PHẦN TRƯỚC 펀 쯔억 앞모습

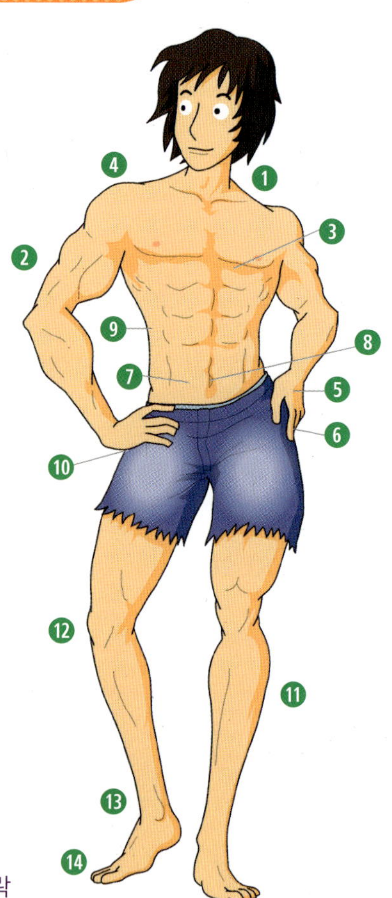

1. ☐ **cổ** 고 목

2. ☐ **cánh tay** 가잉 따이 팔

3. ☐ **ngực** 응윽 가슴

4. ☐ **vai** 바이 어깨

5. ☐ **bàn tay** 반 따이 손

6. ☐ **ngón tay** 응언 따이 손가락

7. ☐ **bụng** 붕 배

8. ☐ **rốn** 론 배꼽

⑨ ☐ **xương sườn** 쓰엉 스언 갈비뼈, 늑골

⑩ ☐ **xương chậu** 쓰엉 저우 골반

⑪ ☐ **chân** 처인 다리

⑫ ☐ **đầu gối** 더우 고이 무릎

⑬ ☐ **cổ chân** 고 처인 발목

⑭ ☐ **bàn chân** 반 처인 발

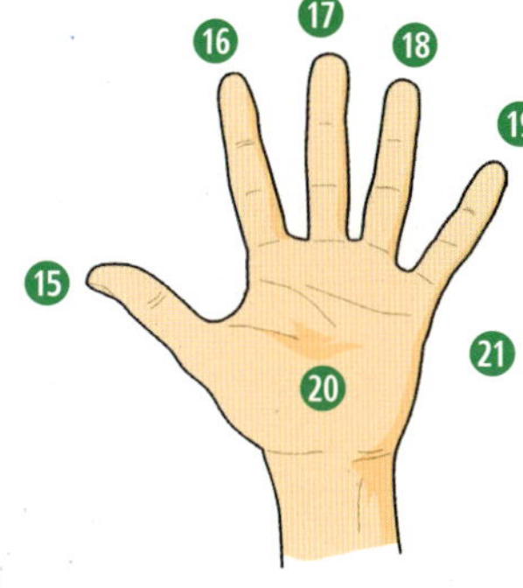

⑮ ☐ **ngón cái** 응언 가이 엄지

⑯ ☐ **ngón trỏ** 응언 쩌 인지, 집게손가락

⑰ ☐ **ngón giữa** 응언 즈어 중지, 가운뎃손가락

⑱ ☐ **ngón áp út** 응언 압 웃 약지

⑲ ☐ **ngón út** 응언 웃 소지, 새끼손가락

⑳ ☐ **lòng bàn tay** 롱 반 따이 손바닥

㉑ ☐ **mu bàn tay** 무 반 따이 손등

A: **Chân em dài thế!**
처인 엠 자이 테!
너, 다리가 참 길구나!

B: **Ừ, ngón tay em cũng dài cực.**
으, 응언 따이 엠 꿍 자이 극.
그렇지. 게다가 난 손가락도 무척 길어.

관련 단어

- **nắm tay** 남 따이 주먹
- **cổ tay** 고 따이 손목
- **móng tay** 몽 따이 손톱
- **cắt móng tay** 깟 몽 따이 손톱을 깎다
- **đường chỉ tay** 드엉 지 따이 손금
- **xem chỉ tay** 셈 지 따이 손금을 보다
- **dấu vân tay** 저우 번 따이 지문
- **thuận tay trái** 투언 따이 짜이 왼손잡이

A: Này móng tay em hơi dài đấy!
나이 몽 따이 엠 허이 자이 데이!
너 손톱 너무 길지 않니?

B: Biết rồi, nhưng em chưa có thời gian để cắt móng tay.
비엣 로이, 능 엠 즈어 고 터이 잔 데 깟 몽 따이.
알아. 그런데 깎을 시간이 없었어.

A: Á, em thuận tay trái à?
아, 엠 투어언 따이 짜이 아?
어, 너 왼손잡이구나?

B: Vâng, giờ anh mới biết à?
벙, 저 아인 머이 비엣 아?
응, 지금까지 몰랐어?

PHẦN SAU 펀사우 뒷모습

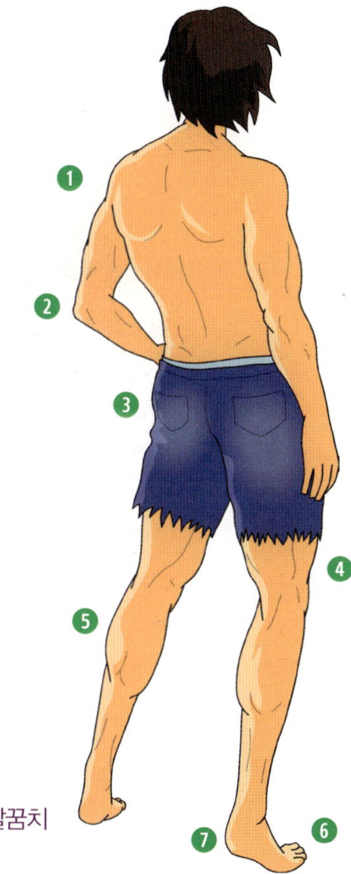

① ☐ **lưng** 릉 등

② ☐ **khuỷu tay** 쿠이우 따이 팔꿈치

③ ☐ **mông** 몽 엉덩이

④ ☐ **bắp đùi** 밥 두이 허벅지

⑤ ☐ **ống chân** 옹 처인 종아리

⑥ ☐ **ngón chân** 응언 처인 발가락

⑦ ☐ **gót chân** 것 처인 뒤꿈치

CÁC BỘ PHẬN CƠ THỂ 각보편거테 기관

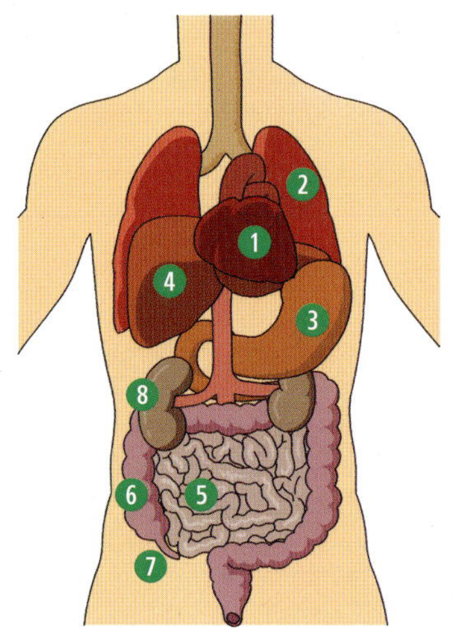

1 ☐ **tim** 띰 심장

2 ☐ **phổi (phế)** 포이 (폐) 폐

3 ☐ **dạ dạy (vị)** 자 자이 (비) 위

4 ☐ **gan** 간 간

5 ☐ **ruột non** 루엇 넌 소장

6 ☐ **đại tràng** 다이 짱 대장

7 ☐ **manh tràng** 마잉 짱 맹장

8 ☐ **thận** 턴 신장

관련 단어

- □ **não** 나오 뇌
- □ **xương sống** 쓰엉 송 척추
- □ **thần kinh** 턴 낑 신경
- □ **tế bào** 떼 바오 세포
- □ **huyết quản** 휘엣 관 혈관
- □ **máu** 마우 혈액, 피
- □ **xương** 쓰엉 뼈
- □ **khớp (xương)** 컵 (쓰엉) 관절
- □ **cơ bắp** 거 밥 근육
- □ **da** 자 피부
- □ **thịt** 팃 살

- □ **ruột** 루오잇 장
- □ **bàng quang** 방 광 방광

A: Thần kinh ông kia có vẻ nhạy cảm lắm.
턴 낑 옹 기어 고 베 냐이 감 람.
저 사람 신경이 무척 예민한가 봐.

B: Sao thế?
사오 테?
왜?

A: Chúng mình nói chuyện nhỏ thế mà ông ấy cứ nhìn.
충 민 노이 취에인 녀 테 마 옹 에이 끄 닌.
우리가 작은 소리로 말하는데도 자꾸 쳐다보잖아.

GIA ĐÌNH 자딩 **가족**

☐ **ông** 옹 할아버지
ông nội 옹 노이 조부

☐ **bà** 바 할머니
bà nội 바 노이 조모

Ngày mai ông về.
응아이 마이 옹 베.
할아버지는 내일 돌아오신다.

☐ **bố** 보 아빠, 아버지
phụ thân 푸 턴 부친

☐ **mẹ** 메 엄마, 어머니
mẫu thân 머우 턴 모친

Mẹ chúng mình rất xinh.
메 충 밍 럿 싱.
우리 엄마는 정말 예쁘다.

☐ **chú** 주 아저씨

☐ **cô** 고 아주머니

Chú cho tiền tiêu.
주 저 띠엔 띠에우.
아저씨가 용돈을 주셨다.

☐ **anh** 아인 형, 오빠

☐ **chị** 치 누나, 언니

Anh và chị rất tốt với tôi.
아인 바 치 럿 똣 버이 또이.
형과 누나는 나를 귀여워한다.

☐ **con trai** 건 짜이 아들

☐ **con gái** 건 가이 딸
Con trai nhà bên cạnh vẫn còn bé.
건 짜이 냐 벤 가인 번 건 베.
옆집 아들은 아직 어리다.

☐ **em trai** 엠 짜이 남동생

☐ **em gái** 엠 가이 여동생
Em gái mình rất hiền.
엠 가이 밍 럿 히엔.
내 여동생은 정말 착하다.

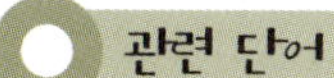

관련 단어

☐ **(anh) em trai** (아인) 엠 짜이 형제

☐ **(chị) em gái** (치) 엠 가이 자매

☐ **anh em họ** 아인 엠 허 사촌

☐ **con rể** 건 레 사위

☐ **bố chồng** 보 종 시아버지

☐ **bố vợ** 보 버 장인

☐ **chị chồng** 치 종 시누이

☐ **em chồng** 엠 종 시동생

☐ **cô** 고 고모

☐ **tổ tiên** 또 띠엔 조상

☐ **hàng xóm** 항 섬 이웃

☐ **cháu** 차우 조카

☐ **con dâu** 건 저우 며느리

☐ **mẹ chồng** 메 종 시어머니

☐ **mẹ vợ** 메 버 장모

☐ **chị dâu** 치 저우 올케

☐ **em vợ** 엠 버 처남

☐ **dì** 지 이모

☐ **họ hàng** 허 항 친척

21

NHÂN SINH 녀인 싱 **인생**

□ **sinh ra** 싱 라 **탄생**

□ **em bé** 엠 베 **아기**

□ **trẻ con / bé con**
쩨 건 / 베 건 **어린이, 꼬마**

Đứa bé đang chơi rất vui.
드어 베 당 저이 럿 부이.
꼬마가 재미있게 놀고 있구나.

□ **thiếu niên**
티에우 년 **소년**

□ **thiếu nữ**
티에우 느 **소녀**

□ **thanh niên** 타잉 년 **청년**

Cậu thanh niên kia đi đâu thế nhỉ?
거우 타잉 년 기어 디 더우 테 니?
저 청년은 지금 어디 가는 걸까?

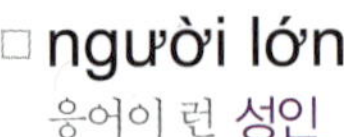

□ **người lớn**
응어이 런 **성인**

□ **người già** 응어이 자 **노인**

Sau này già rồi vẫn phải khỏe mạnh.
사우 나이 자 로이 반 파이 코에 마잉.
노인이 되어서도 건강해야 할 텐데.

□ **trăn trối / di ngôn** 짠 쪼이 / 지 응온 유언

Lời trăn trối của ông là hãy sống chính trực.

르어이 짠 쪼이 구어 옹 라 하이 송 징 쯕.

할아버지의 유언은 정직하게 살라는 것이었다.

□ **tang lễ** 땅 례 장례(식)

□ **mộ** 모 무덤

관련 단어

□ **nhân sinh / cuộc sống** 녀인 싱 / 구억 송 인생

□ **thời thơ ấu** 터이 터 어우 어린 시절

□ **trưởng thành** 쯔엉 타잉 성장

□ **đính hôn** 딩 혼 약혼

□ **kết hôn** 껫 혼 결혼

□ **ly hôn / li dị** 리 혼 / 리 지 이혼

□ **cô dâu** 고 저우 신부

□ **chú rể** 주 레 신랑

□ **góa phụ** 과 푸 미망인

□ **chết** 쳇 죽다

□ **cái chết** 가이 쳇 죽음

□ **hỏa táng** 화 땅 화장

TÌNH YÊU VÀ HÔN NHÂN

띵 이에우 바 혼 녀인 **사랑과 결혼**

□ **thổ lộ tình yêu**
톨 로 띵 이에우 **사랑을 고백하다**

□ **(tình yêu) đơn phương**
(띵 이에우) 던 프엉 **짝사랑**

Cô ấy là mối tình đơn phương
của anh đấy.
고 에이 라 모이 띵 던 프엉 구어 아인 데이.
저 여자가 내가 짝사랑하는 사람이야.

□ **kết bạn** 껫 반 **사귀다**

Chúng mình kết bạn nhé?
충 밍 껫 반 내?
우리 앞으로 사귀지 않을래?

□ **quan hệ tay ba**
관 혜 따이 바 **삼각관계**

□ **tình yêu từ cái nhìn đầu tiên**
띵 이에우 드 가이 닌 더우 띠엔 **첫눈에 반하다**

Tôi thật sự đã yêu từ cái nhìn đầu tiên.
또이 텃 스 다 이에우 드 가이 닌 더우 띠엔.
난 정말 첫눈에 반했어.

□ **người yêu** 응어이 이에우 **애인**

Chúng tôi là người yêu lâu rồi.
충 또이 라 응어이 이에우 러우 로이.
우리는 정말 오래된 애인이다.

□ **kết hôn** 껫 혼 **결혼하다**

□ **du lịch tân hôn**
줄 릭 떤 혼 **신혼 여행**

□ **mang thai** 망 타이 **임신하다**

Cô ấy đã mang thai được 7 tháng.
고 에이 다 망 타이 드억 바이 탕.
그녀는 임신한 지 7개월이 되었다.

□ **cãi nhau** 가이 느나우 **말다툼**

Không hiểu sao họ cãi nhau suốt ngày.
콩 히에우 사우 허 가이 냐우 수엇 응아이.
그들은 왜 매일 말다툼을 하는지 모르겠어.

□ **bạn bè** 반 베 **친구**

관련 단어

☐ **cùng giới** 꿍 즈어이 동성

☐ **khác giới** 칵 즈어이 이성

☐ **tình yêu đầu** 띵 이에우 다우 첫사랑

☐ **hấp dẫn** 헙 전 매력

☐ **cầu hôn** 거우 혼 프러포즈하다, 구혼하다

☐ **thiếp mời** 티엡 머이 청첩장

☐ **nhẫn cưới** 녀인 그어이 결혼반지

☐ **vợ chồng mới** 버 종 머이 신혼 부부

☐ **anh nhà / chị nhà** 아인 냐/치 냐 배우자

☐ **nuôi dạy con cái** 누오이 자이 건 가이 양육, 아이를 키우다

☐ **biết đến** 비엣 뗀 알게 되다

☐ **quan hệ / sex** 꽌 헤/섹스 섹스하다

☐ **chia tay** 지아 따이 헤어지다

☐ **hòa giải** 화 자이 화해하다

☐ **phản bội / bắt cá hai tay** 판 보이/밧 가 하이 따이 불충하다, 양다리걸치다

유교가 기본 이념인 베트남은 우리와 유사한 혼인 관념과 의식을 지니고 있는데, 전통 혼례 의식은 송나라 때 성리학자 주희가 편찬한 주자가례(朱子家禮)에서 비롯되었다. 지금은 서구식 결혼식이 많아졌지만, 베트남 가정에서는 이 전통 혼례 절차를 병행하고 있다.

혼인이 결정되면 사주 등 무속적 방법으로 택일하고 혼례 준비를 한다. 혼례 하루 전날, 신랑 신부의 집에는 야자나무 잎으로 아치를 만들어 대문에 걸고, 빨간 바탕에 노란색으로 '신혼·부귀' 등의 문구를 써서 걸어놓는다.

혼례 당일, 신랑측은 붉은 보자기로 덮은 예물을 가지고 신부 집으로 간다. 선물로는 술·과일·차 등과 함께 부부의 애정을 상징하는 빈랑나무 잎과 열매가 빠지지 않는다. 신부 집 앞에 도착하면 신랑측 대표가 술병과 잔 하나를 접시에 받쳐 들고 신부 집 안으로 들어가 신부 부모에게 권한다. 신부 부모가 잔을 받으면 신랑 일행은 집 안으로 들어가고, 신부측은 폭죽을 터트리고 악구를 울리며 환영한다. 신랑측 대표가 신부 부모에게 자신들을 소개하고 결혼의 허락을 청한다. 붉은 아오자이 차림의 신부가 들러리 처녀들에게 둘러싸여 부모 뒤를 따라 나오면, 신부 집 신주 앞에서 혼례를 치르게 된다. 신랑 신부는 신주 앞에 무릎 꿇고 향을 사르며 혼인을 고하고 새 가정에 대한 보살핌을 조상신께 기구한다. 이어서 신랑 신부는 신부 부모에게 큰절을 올리고, 서로 맞절을 한다. 혼례를 맡은 어른이 결혼에 대한 조언과 축사를 하고, 부모가 당부의 말을 하기도 한다. 신부가 신랑이 보내온 패물로 치장한 후 신랑 신부가 결혼반지를 나누어 끼면 하객들의 축하 속에 결혼식은 끝난다.

저녁에는 양측의 친척과 친구·이웃들이 모여 흥겹게 즐기는 잔치가 벌어진다.

A: **Bạn mình bảo cuối tuần này cưới đấy.**
반 밍 바오 구오이 뚜언 나이 그어이 더이.
내 친구 이번 주말에 결혼한대.

B: **Cưới ai thế?**
그어이 아이 테?
어떤 사람이랑 하는데?

A: **Bạn trai yêu 5 năm nay rồi.**
반 짜이 이에우 남 남 나이 로이.
5년 동안 사귄 남자래.

B: **Oa, ghen tị quá.**
와, 겐 디 구아.
아, 정말 부럽다.

27

SINH HOẠT HÀNG NGÀY

싱 홧 항 응아이 **일상생활**

☐ **thức dậy** 특 저이 잠에서 깨다

☐ **ngủ dậy** 응우 저이 일어나다

Mai 6h phải thức dậy đấy.
마이 사우 저이 파이 특 저이 데이.
내일 아침에는 여섯 시에 일어나야지.

☐ **rửa mặt** 르어 맛 세수하다

☐ **chải đầu / chải tóc**
차이 더우 / 차이 똑 **머리를 빗다**

☐ **đánh răng** 다잉 랑 이를 닦다

☐ **cạo râu** 가우 러우 **면도하다**

Đang cạo râu thì cắt vào cằm.
당 가우 러우 티 갓 바오 깜.
면도하다가 턱을 베었다.

☐ **mặc quần áo**
막 구언 아오 **옷을 입다**

Hôm nay mặc gì nhỉ?
홈 나이 막 지 니?
오늘은 무슨 옷을 입지?

□ **đi làm** 딜 람 **출근하다**

Bố đi làm bằng xe buýt.
보 딜 람 방 세 븻.
아버지는 보통 버스로 출근하신다.

□ **ăn trưa** 안 쯔어 **점심 먹다**

Tôi ăn trưa vào khoảng 11h rưỡi.
또이 안 쯔어 바오 쾅 므어이 못 저이 르어이.
나는 열한 시 반이면 점심을 먹는다.

□ **tắm rửa** 땀 르어 **샤워(하다)**

□ **xem tivi** 셈 디비 **텔레비전을 보다**

Vừa xem tivi vừa ăn khoai tây chiên.
브어 셈 디비 브어 안 콰이 떠이 지엔.
텔레비전을 보면서 감자 칩을 먹었다.

□ **nghe nhạc** 응에 냑 **음악을 듣다**

Thanh niên hay nghe nhạc trên tàu điện.
타잉 년 하이 응에 냑 쩬 따우 디엔.
많은 젊은이들은 전철에서 음악을 듣는다.

□ **đi ngủ** 디 응우 **잠자리에 들다**

관련 단어

☐ **âm thanh** 엄 타잉 소리

☐ **giọng nói** 종 너이 목소리

☐ **nghe** 응에 듣다

☐ **nghe thấy** 응에 터이 들리다

☐ **nhìn / xem** 닌 / 셈 보다

☐ **nhìn thấy** 닌 터이 보이다

☐ **bắt** 밧 잡다

☐ **chạm (vào)** 참 (바오) 닿다, 만지다

☐ **nếm** 넴 맛보다

☐ **giặt (quần áo)** 잣 (구언 아오) 빨래하다

☐ **là (quần áo)** 라 (구언 아오) 다림질하다

☐ **tắm** 땀 목욕하다

☐ **thay quần áo** 타이 구언 아오 옷을 갈아입다

☐ **sắp xếp** 삽 쎕 정리하다

☐ **làm đêm** 람 뎀 밤늦게 일하다

☐ **học đêm** 혹 뎀 밤늦게 공부하다

☐ **ngủ muộn** 응우 무언 늦잠을 자다

- □ **đánh bóng bàn** 다잉 봉 반 **탁구를 치다**
- □ **chơi game** 저이 게임 **게임을 하다**
- □ **ngủ trưa** 응우 쯔어 **낮잠을 자다**
- □ **chơi piano** 저이 피아노 **피아노를 치다**
- □ **gọi điện thoại** 거이 디엔 토아이 **전화를 걸다**
- □ **học bài** 혹 바이 **공부하다**
- □ **đọc sách** 독 사익 **책을 읽다**
- □ **viết thư** 비엣 트 **편지를 쓰다**
- □ **đánh đu** 다잉 두 **그네를 타다**
- □ **chơi cầu trượt** 저이 거우 쯔엇 **미끄럼틀을 타다**

A: **Nghe thấy gì không?**
응에 터이 지 콩?
무슨 소리 들리지 않니?

B: **Xem nào, nghe mỗi tiếng cậu thôi.**
셈 나오, 응에 모이 띠엥 거우 토이.
글쎄? 네 목소리밖에 안 들리는데.

A: **Nghe kĩ vào, như có ai đang chơi piano ấy.**
응에 기 바오, 느 거 아이 당 저이 피아노 에이.
잘 들어봐. 이 밤중에 누가 피아노를 치는 거 같은데.

B: **À, nghe thấy từ nãy rồi.**
아, 응에 터이 뜨 나이 로이.
아, 저 소리는 아까부터 들렸어.

CÁC HIỆN TƯỢNG SINH LÝ

각 히엔 뜨엉 싱 리 **생리 현상**

☐ **ho** 허 기침하다

Anh ấy hay ho lắm.
아인 에이 하이 허 람.
그는 항상 기침을 달고 산다.

☐ **(đổ) mồ hôi**
(도) 모 호이 **땀(을 흘리다)**

Sao đổ nhiều mồ hôi thế?
사오 도 니에우 모 호이 테?
왜 이렇게 땀이 많이 나지.

☐ **nước mắt** 느억 맛 **눈물**

Mặt con bé toàn nước mắt.
맛 건 베 또안 느억 맛.
아기 얼굴이 눈물로 얼룩져 있다.

☐ **thở dài** 터이 자이 **한숨짓다**

☐ **hắt xì hơi** 핫 시 허이 **재채기**

☐ **đánh rắm / đánh bủm**
다잉 람 / 다잉 붐 **방귀**

☐ **tiểu tiện** 띠에우 띠엔 **소변(을 보다)**

관련 단어

- **thở** 터 호흡(하다), 숨을 쉬다
- **khóc** 콕 울다
- **ngáp** 응압 하품
- **vươn vai** 브언 바이 기지개
- **nấc (cục)** 넉 (국) 딸꾹질
- **ợ** 어 (배가 불러서) 트림을 하다
- **(nhổ) nước bọt** (뇨) 느억 벗 침, 타액
- **đại tiện** 다이 띠엔 대변(을 보다)
- **mơ** 머 꿈
- **nằm mơ** 남 머 꿈을 꾸다

A: **Hôm qua tớ mơ thấy mình cãi nhau.**
홈 과 떠 머 터이 밍 가이 냐우.
나 어젯밤에 너랑 싸우는 꿈 꿨어.

B: **Bình thường ghét tớ hay sao mà thế?**
빙 트엉 겟 떠 하이 사오 마 테?
평소에 나한테 무슨 나쁜 감정이 있었나 보지?

A: **Biết đâu đấy...**
비엣 더우 데이...
글쎄, 혹시 그럴지도….

33

Unit 07

TÍNH CÁCH • THÁI ĐỘ
명 가익·타이 도 **성격·태도**

☐ **cẩn thận** 건턴 주의 깊다

☐ **bất cẩn**
벗 건 **부주의하다, 경솔하다**

☐ **nhiều chuyện**
니에우 춰엔 **수다스럽다**

Mấy bà ngồi với nhau thì nhiều chuyện lắm.
머이 바 응오이 버이 냐우 티 니에우 춰엔 람.
아줌마들이 모이면 정말 수다스럽다.

☐ **chăm chỉ** 참 치 **부지런하다**

Chị tớ rất chăm chỉ.
치 떠 럿 참 치.
우리 언니는 무척 부지런하다.

☐ **vô lễ** 보 레 **무례하다**

☐ **chịu đựng**
치우 등 **인내심이 있다**

☐ **xấu hổ**
서우 호 **부끄러워하다**

2 가정
3 수
4 도시
5 교통
6 업무
7 쇼핑
8 스포츠·취미
9 자연

관련 단어

- **thân thiện** 턴 티엔 친절하다
- **thuần túy** 투언 뛰 순수하다
- **nhút nhát** 늇 냣 겁이 많다
- **dũng cảm** 중 감 용감하다
- **thông minh** 통 밍 지혜롭다
- **chính trực / ngay thẳng** 징 쯕 / 응아이 탕 정직하다
- **lười biếng** 르어이 비엥 게으르다
- **nhàm chán** 냠 잔 지루하다
- **ngu ngốc** 응우 응옥 어리석다
- **khiêm tốn** 키엠 똔 겸손하다
- **lễ phép / phải phép** 레 펩 / 파이 펩 예의바르다
- **hào phóng / rộng rãi** 하오 퐁 / 롱 라이 관대하다
- **tế nhị** 떼 니 섬세하다
- **đáng tin cậy** 당 띤 거이 믿을 수 있다
- **ích kỉ** 익 기 이기적이다
- **kì cục** 기 국 언행이 어색하다

A: **Bà chủ cửa hàng ấy rất thân thiện.**
바 주 그어 항 에이 럿 턴 티엔.
저 가게 주인 참 친절하더라.

B: **Ừ, mình cũng thấy thế.**
으, 밍 궁 터이 테.
그래, 나도 그렇게 생각했어.

DIỆN MẠO 지엔 마오 **외모**

☐ **cân nặng**
건 낭 **몸무게**

☐ **béo**
베우 **뚱뚱하다**

☐ **gầy / mảnh mai**
거이 / 마잉 마이 **여위다, 마르다**

☐ **chiều cao**
지에우 가오 **키, 신장**

Bạn cao bao nhiêu?
반 가오 바오 니에우?
키가 얼마나 되세요?

☐ **cao** 가오 **키가 크다**

☐ **thấp / lùn**
텁 / 룬 **키가 작다**

☐ **dễ thương**
제 트엉 **귀엽다**

Đứa bé kia dễ thương quá.
드어 배 기어 제 트엉 과.
저 아기, 무척 귀엽네.

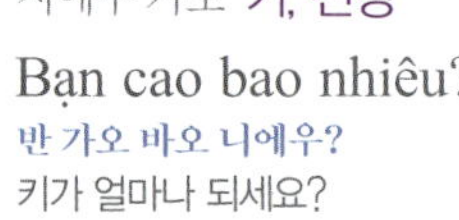

☐ **xinh đẹp**
싱 뎁 **아름답다, 예쁘다**

☐ **sexy** 섹시 **섹시하다**
☐ **hấp dẫn**
헙 전 **매력적이다**

□ **hói đầu**
허이 더우 대머리

□ **tóc thẳng**
똑 탕 단발머리

□ **đầu xoăn**
더우 수어안 곱슬머리

관련 단어

□ **tóc xoăn** 똑 수어안 파마머리

□ **tóc đuôi ngựa** 똑 두어이 응으어 포니테일, 뒤로 한 다발로 묶은 머리

□ **tóc bạc / tóc trắng** 똑 박/똑 짱 흰머리

□ **vô cảm** 보 감 포커페이스, 무표정하다

□ **thất thần** 텃 턴 멍하다

□ **ánh mắt** 아잉 맛 눈빛, 눈초리

□ **ấn tượng** 언 뜨엉 인상

□ **biểu hiện** 비에우 히엔 표정

□ **người đẹp** 응어이 뎁 몸매가 좋다

□ **đẹp / cool** 뎁/쿨 멋지다, 잘생기다

□ **ưa nhìn** 으어 닌 보기 좋다

A: **Tớ có hợp kiểu tóc xoăn này không?**
떠 거 헙 기에우 똑 수어안 나이 콩?
이런 스타일의 파마머리가 나한테 어울릴까?

B: **Ừ, trông cũng được.**
으, 쫑 궁 드억.
응, 괜찮을 거 같아.

TÌNH CẢM ① 명감 **감정** ①

□ **hạnh phúc** 하잉 푹 행복하다
Gia đình tôi rất hạnh phúc.
자 딩 또이 럿 하잉 푹.
우리는 행복한 가족이에요.

□ **buồn** 부언 슬퍼하다, 상심하다
Đừng buồn chuyện chia tay
người ta nữa.
등 부언 쥐엔 지어 따이 응어이 따 느어.
그 사람과 헤어졌다고 너무 슬퍼하지 말아요.

□ **khát** 캇 목마르다

□ **nóng** 농 덥다   □ **lạnh** 라인 춥다
Nóng lắm nên chẳng
muốn ra ngoài.
농 람 넨 장 무언 라 응오아이.
더워서 밖에 나가기 싫다.

□ **kiệt sức** 기엣 슥 피로하다

□ **tức giận** 뜩 전 화내다
Giám đốc mà tức giận thì sợ lắm.
잠 독 마 뜩 전 티 서 람.
사장님이 화내시면 정말 무서워.

□ **mệt mỏi** 멧 머이 피곤하다

□ **đói** 더이 배고프다　　□ **no** 너 배부르다

□ **xấu hổ** 서우 호 부끄럽다, 창피하다　　□ **giật mình** 젓 밍 놀라다

관련 단어

□ **thú vị / hay** 투 비 / 하이 재미있다

□ **nhầm lẫn** 념 런 헷갈리다

□ **thất vọng** 텃 봉 실망하다

□ **sợ** 서 무섭다

□ **vui** 부이 기쁘다

□ **cô đơn** 고 던 쓸쓸하다

□ **đơn côi** 던 고이 외롭다

□ **buồn ngủ** 부언 응우 졸리다

A: **Trông bạn mệt mỏi thế?**
쫑 반 멧 머이 테?
너 피곤해 보이는데?

B: **Thức đêm học thi mà.**
특 뎀 혹 티 마.
시험 공부하느라 밤샘했거든요.

TÌNH CẢM ② 띵깜 감정 ②

☐ **trí tuệ** 찌 뚜에 지혜

Anh ấy là người rất có trí tuệ.
아인 에이 라 응어이 럿 거 찌 뚜에.
그는 지혜가 있는 사람이다.

☐ **dũng khí**
중 키 용기

☐ **nỗi buồn**
노이 부언 슬픔

☐ **sự sợ hãi**
스 서 하이 두려움

Hãy vứt bỏ sự sợ hãi đi.
하이 붓 보 스 서 하이 디.
두려움을 버려라.

☐ **nỗi đau**
노이 다우 아픔

☐ **niềm vui**
니엠 부이 즐거움

☐ **tình yêu** 띵 이에우 사랑

Tình yêu của họ rất đẹp.
띵 이에우 구어 허 럿 뎁.
그들의 사랑은 아름답다.

☐ **tuyệt vọng**
뛰엣 봉 절망

□ **quyến rũ** 구이엔 루 유혹하다, 매료시키다 □ **tự do** 뜨 저 자유(롭다)

관련 단어

- □ **hy vọng** 히 봉 희망(하다)
- □ **cảm thán** 감 탄 감탄하다
- □ **thân thiện** 턴 티엔 친절하다
- □ **cảm ơn** 감 언 감사하다
- □ **thật thà** 텃 타 진실하다
- □ **chính trực / ngay thẳng** 징 쯕 / 응아이 땅 정직하다
- □ **lý tưởng** 리 뜨엉 이상적이다
- □ **mãn nguyện** 만 응위엔 만족스럽다
- □ **hòa bình / yên ổn** 화 빙 / 이엔 온 평화, 평온하다
- □ **bất an / lo lắng** 벗 안 / 러 랑 불안하다, 걱정하다
- □ **hối tiếc / hối hận** 호이 띠엑 / 호이 헌 후회하다
- □ **ghét** 겟 증오하다, 싫어하다

A: Sau này đừng có hối tiếc, giờ chăm học vào.
사우 나이 등 거 호이 띠엑, 저 참 혹 바오.
너 나중에 후회하지 말고, 지금 열심히 공부해라.

B: Ngày nào cũng chăm học vào, nghe phát chán!
응아이 나오 궁 참 혹 바오, 응에 팟 잔!
매일 공부하라는 소리, 정말 싫어요!

1 다음 인체 부위의 이름을 베트남어로 써보세요.

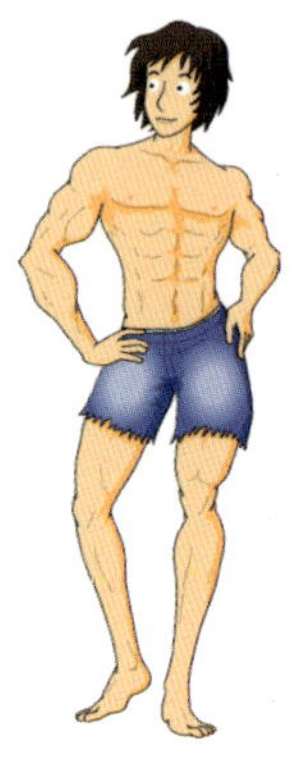

a) 눈 코 입 귀 혀

b) 어깨 팔 손가락 다리 무릎

2 다음 단어의 뜻을 써보세요.

gan ________________   máu ________________

xương ________________   cơ bắp ________________

tế bào ________________   tim ________________

3 다음 빈칸에 알맞은 베트남어를 써넣어 보세요.

a) 나는 한 자매와 두 형제가 있다.

Tôi có một __________ và hai __________.

b) 사위란 내 딸의 남편을 말한다.

__________ là chồng của __________ mình.

c) 내가 어린 시절에 __________ của tôi

d) 신랑과 신부 __________ và __________

e) 인생은 아름다워. ___________ thật tươi đẹp.

f) 탄생과 죽음 ___________ và ___________

g) 삼각 관계 quan hệ ___________

h) 당신과 결혼하고 싶어요. Anh muốn ___________ với em.

4 다음 단어의 뜻을 써보세요.

thức dậy ___________   xem tivi ___________

đi ngủ ___________   nghe nhạc ___________

5 다음 그림과 단어를 연결해 보세요.

ho   (đổ) mồ hôi   thở dài   tiểu tiện   nước mắt

6 다음 빈칸에 알맞은 베트남어를 써넣어 보세요.

a) 조심해요! ___________!

b) 이기적인 여자 người phụ nữ ___________

c) 무례하지 않고 예의바른 không ___________ mà rất ___________

7 다음을 해석해 보세요.

thiếu niên cao ________________

thiếu nữ dễ thương ________________

hói đầu ________________

8 다음 빈칸에 알맞은 베트남어를 써넣어 보세요.

a) 나는 무척 목이 마릅니다. Tôi rất ________________.

b) 슬픈 영화 bộ phim ________________

c) 그는 재미있는 사람이다. Anh ấy là người rất ________________.

d) 당신의 친절에 감사드립니다.

 Cám ơn vì sự ________________ của bạn.

e) 전쟁과 평화 chiến tranh và ________________

정답

1 a) mắt　　mũi　　miệng　　tai　　lưỡi
　　 b) vai　　cánh tay　　ngón tay　　chân　　đầu gối

2 간　혈액　뼈　근육　세포　심장

3 a) em gái　　anh trai　　b) con rể　　con gái　　c) thời thơ ấu
　　 d) chú rể　　cô dâu　　e) cuộc sống　　f) sinh ra　　chết đi
　　 g) tay ba　　h) kết hôn

4 일어나다　　텔레비전을 보다　　잠자리에 들다　　음악을 듣다

5 한숨짓다 – thở dài　　기침하다 – ho　　땀(을 흘리다) – (đổ) mồ hôi
　　 눈물 – nước mắt　　소변(을 보다) – tiểu tiện

6 a) Cẩn thận　　b) ích kỷ　　c) vô lễ　　lễ phép

7 키가 큰 소년　　귀여운 소녀　　대머리

8 a) khát　　b) buồn　　c) hay　　d) thân thiện　　e) hòa bình

Theme 2

→ NHÀ 냐 **가정**

NHÀ 냐 집

□ **chung cư** 쭝 그 아파트

□ **nhà riêng** 냐 리엥 주택
Nhà riêng đẹp thế.
냐 리엥 뎁 테.
참 멋진 주택이군요.

□ **chủ nhà** 주 냐 집주인
Gặp chủ nhà tốt thật may quá.
갑 주 냐 똣 텃 마이 과.
이번엔 좋은 집주인을 만나서 다행이야.

□ **người thuê nhà**
응어이 투에 냐 세입자

□ **tiền thuê nhà** 띠엔 투에 냐 집세
Tiền thuê nhà bao nhiêu ạ?
띠엔 투에 냐 바오 니에우 아?
집세는 얼마예요?

□ **thuê nhà**
투에 냐 임대하다

관련 단어

- **nơi cư trú / nơi ở** 너이 그쭈 / 너이 어 **거주지**
- **địa chỉ** 디어 지 **주소**
- **chuyển nhà** 쮀엔 냐 **이사**
- **bất động sản** 벗 동 산 **부동산**
- **tiền đặt cọc** 띠엔 닷 곡 **보증금**
- **xây mới** 서이 머이 **개축[재건]하다**
- **biệt thự** 비엣 트 **저택**
- **vi-la** 빌-라 **빌라**
- **một tòa chung cư** 못 또아 중 그 **아파트의 한 동**
- **khu chung cư** 쿠 중 그 **아파트 단지**

- **đường ống cấp nước** 드엉 옹 껍 느억 **상수도**
- **đường cống ngầm** 드엉 꽁 응엄 **하수도**
- **điện** 디엔 **전기**
- **điện nước** 디엔 느억 **수도와 전기**
- **ga** 가 **가스**

A: **Nhà này xây bao giờ thế?**
냐 나이 서이 바오 저 테?
이 집은 언제 개축한 거예요?

B: **Năm ngoái chủ nhà chuyển đi là sửa lại luôn.**
남 응오아이 주 냐 쮀엔 디 라 스어 라이 루언.
작년에 집주인이 이사 가고 나서 바로 고쳤어요.

47

Unit 02

BÊN NGOÀI NHÀ 벤 응오아이 냐 주택 외부

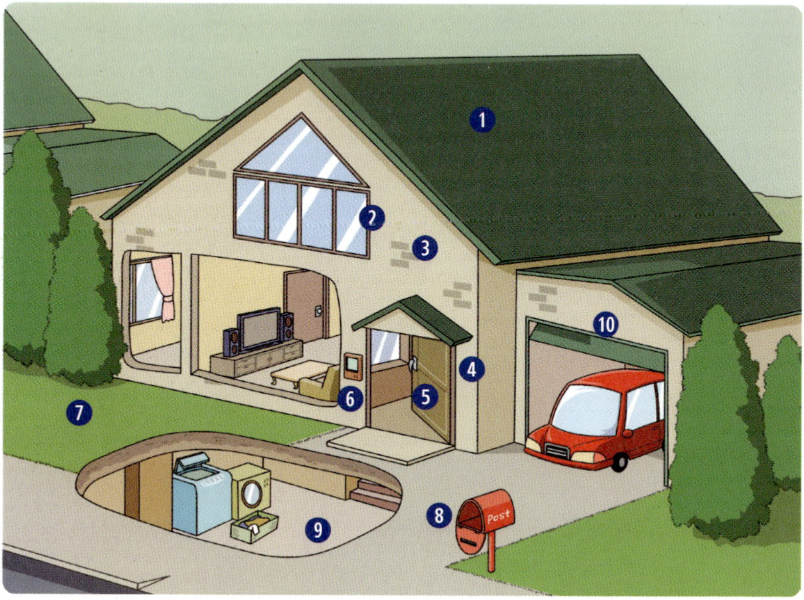

❶ □ mái nhà 마이 냐 지붕

❷ □ cửa sổ 그어 소 창문

❸ □ tường 뜨엉 벽

❹ □ cổng trước 공 쯔억 현관

❺ □ cửa 그어 문

❻ □ chuông cửa 주엉 그어 초인종

❼ □ thảm cỏ / bãi cỏ 탐 고/바이 고 잔디

❽ ☐ **hòm thư** 험 트 우편함

❾ ☐ **tầng hầm** 떵 험 지하실

❿ ☐ **ga-ra** 가 라 차고

관련 단어

☐ **hàng rào** 항 라우 울타리, 담장

☐ **bảng tên** 방 뗀 문패

☐ **sân trước** 선 쯔억 앞마당

☐ **vườn** 브언 정원

☐ **hiên nhà** 히엔 냐 베란다

☐ **nhà kho** 냐 코 창고

☐ **gác xép** 각 쎕 다락

☐ **cầu thang** 거우 탕 계단

A: **Chuông kìa, ra xem đi.**
주엉 기어, 라 셈 디.
초인종 소리가 나는데, 좀 나가봐.

B: **Anh ra đi.**
아인 라 디.
싫어, 네가 나가봐.

A: **Anh đang rửa bát mà.**
아인 당 르어 밧 마.
난 지금 설거지하고 있잖아.

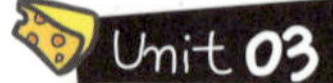

Unit 03

PHÒNG KHÁCH 퐁 카익 거실

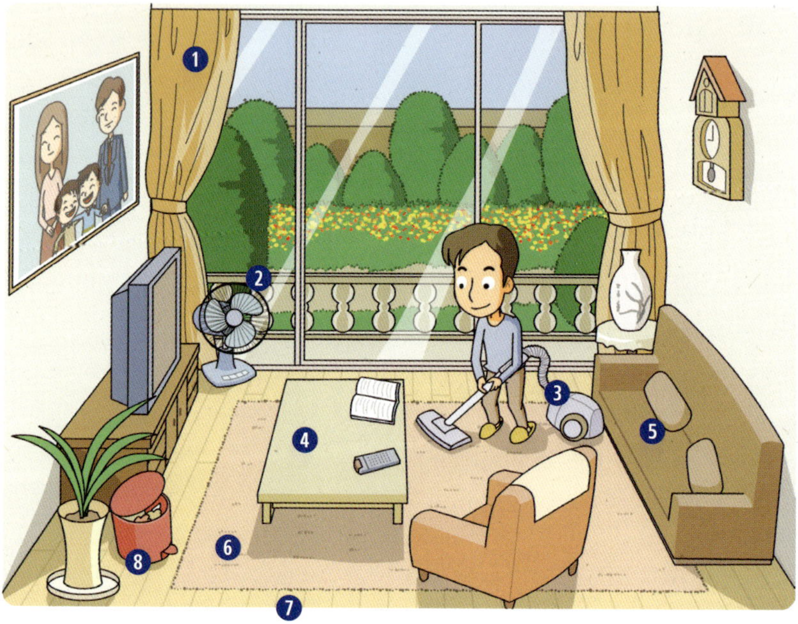

1. □ rèm cửa 렘 그어 커튼
2. □ quạt điện 꽛 디엔 선풍기
3. □ máy hút bụi chân không 마이 훗 부이 저인 콩 진공청소기
4. □ bàn 반 탁자, 테이블
5. □ ghế sô-fa 게 소-파 소파
6. □ thảm 탐 양탄자
7. □ sàn nhà 산 냐 마루
8. □ thùng rác 퉁 락 쓰레기통

□ **tivi** 디비 텔레비전

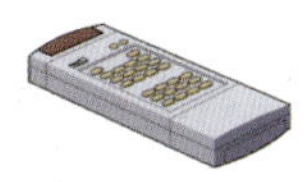

□ **điều khiển** 디에우 키엔 리모컨
Cái điều khiển này chẳng nhạy gì cả.
가이 디에우 키엔 나이 장 나이 지 가.
이 리모컨이 잘 작동되지 않는다.

□ **tấm ảnh** 떰 아인 사진

□ **đồng hồ treo tường**
동 호 쩨우 뜨엉 벽시계

□ **trần nhà** 쩐 냐 천장

□ **đèn treo** 덴 쩨우 샹들리에

□ **cột nhà** 곳 냐 기둥

□ **ghế bành** 게 바잉 안락의자

□ **tủ sách** 뚜 사익 책장

□ **bức tranh** 븍 짜잉 그림

□ **đệm** 뎀 깔개, 매트

A: Cô trẻ trong ảnh này là ai thế?
고 쩨 쫑 아인 나이 라 아이 테?
사진 속의 이 젊은 여자분은 누구야?

B: Mẹ tớ 20 năm trước đấy.
메 떠 하이 므어이 남 쯔억 더이.
20년 전의 우리 엄마야.

NHÀ BẾP 냐 뻽 주방

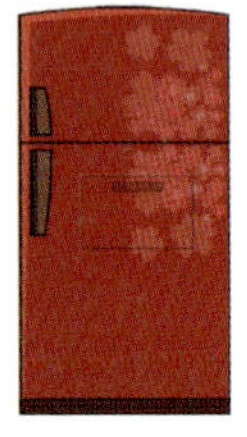

□ **bồn rửa bát**
본 르어 밧 **싱크대**

□ **tủ lạnh** 뚜 라인 **냉장고**

□ **chạn** 찬 **찬장**

□ **nồi cơm điện**
노이 껌 디엔 **전기밥솥**

□ **ấm nước**
엄 느억 **주전자**

□ **chảo rán**
자오 란 **프라이팬**

□ **nồi** 노이 **냄비**

□ **lò nướng** 러 느엉 **토스터**
Nướng bánh ăn và uống cafe nhé.
느엉 바잉 안 바 우엉 까페 내.
토스터에 빵을 구워 커피랑 먹자.

□ **lò vi sóng**
러 비 송 **전자레인지**

□ **bát** 밧 그릇

□ **đĩa** 디어 접시

□ **cốc** 곡 컵

Tớ thích mua cốc đẹp.
떠 틱 뭐 곡 뎁.
나는 예쁜 컵만 보면 사고 싶다.

□ **dao** 자오 식칼

□ **muôi** 무어이 국자　□ **thớt** 텃 도마

관련 단어

□ **lò nướng** 러 느엉 오븐

□ **găng tay** 강 따이 오븐용 장갑

□ **giẻ lau** 제 라우 행주

□ **vung nồi** 붕 노이 뚜껑

□ **hũ / bình** 후 / 빙 항아리

□ **thìa** 티어 숟가락　　□ **đũa** 두어 젓가락

□ **dao** 자오 나이프　　□ **dĩa** 지어 포크

A: Lau bàn ăn hộ tớ được không?
라우 반 안 호 떠 드억 콩?
행주로 식탁 좀 닦아줄래?

B: Lau rồi. Tớ đang bày thìa.
라우 로이. 떠 당 바이 티어.
벌써 닦았어요. 지금 숟가락 놓고 있잖아요.

NHÀ TẮM 냐땀 욕실

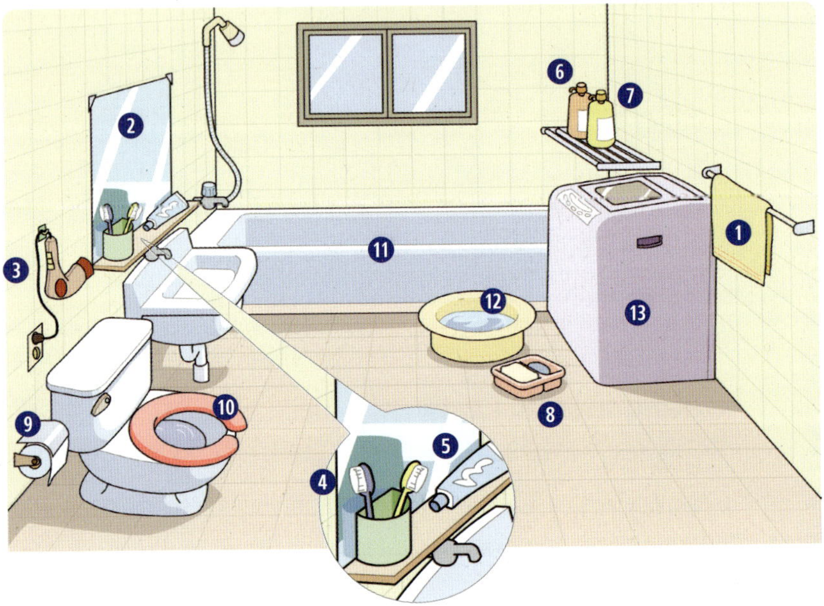

1 ☐ **khăn tắm** 칸 땀 수건, 타월

2 ☐ **gương** 그엉 거울

3 ☐ **máy sấy tóc** 마이 서이 똑 헤어드라이어

4 ☐ **bàn chải** 반 자이 칫솔

5 ☐ **kem đánh răng** 껨 다잉 랑 치약

6 ☐ **dầu gội đầu** 저우 고이 더우 샴푸

7 ☐ **dầu xả** 저우 싸 린스

8 ☐ **xà phòng** 싸 퐁 비누

❾ ☐ **giấy vệ sinh** 저이 베 싱 화장지

❿ ☐ **bồn cầu** 본 거우 변기

⓫ ☐ **bồn tắm** 본 땀 욕조

⓬ ☐ **chậu rửa mặt** 저우 르어 맛 세숫대야, 세면기

⓭ ☐ **máy giặt** 마이 잣 세탁기

관련 단어

☐ **áo choàng tắm** 아오 조앙 땀 목욕 가운

☐ **nước tắm** 느억 땀 목욕물

☐ **gội đầu** 고이 더우 머리를 감다

☐ **nước giặt** 느억 잣 세탁물

☐ **xà phòng giặt** 사 퐁 잣 세제

☐ **bong bóng** 봉 봉 거품

☐ **cặp quần áo** 갑 구언 아오 빨래집게

☐ **vòi hoa sen** 보이 화 센 샤워기

☐ **vòi nước** 보이 느억 수도꼭지

☐ **ống thoát nước** 옹 토앗 느억 배수구

A: **Mẹ ơi, hết dầu gội đầu rồi.**
메 어이, 헷 저우 고이 더우 로이.
엄마, 샴푸가 다 떨어졌어요.

B: **Thế à? Mới mua cơ mà.**
테 아? 머이 무어 거 마.
그래? 새로 산 지 얼마 안 된 거 같은데.

Unit 06

PHÒNG NGỦ 퐁 응우 침실

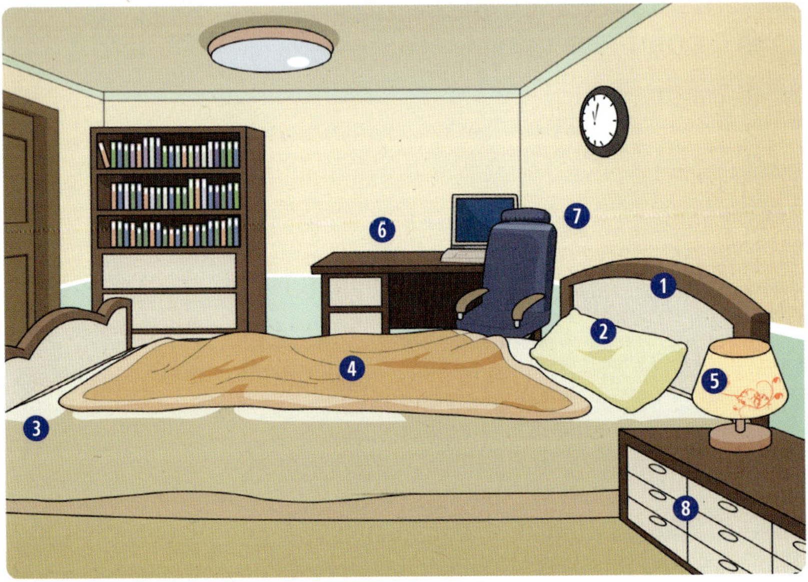

1. □ giường 즈엉 침대
2. □ gối 고이 베개
3. □ ga trải giường 가 자이 즈엉 침대보
4. □ chăn 잔 담요, 모포
5. □ đèn ngủ 덴 응우 스탠드
6. □ bàn 반 책상
7. □ ghế 게 의자
8. □ tủ ngăn kéo 뚜 응안 께우 서랍장, 수납장

관련 단어

- **đồng hồ báo thức** 동 호 바오 특 **알람시계**
- **máy giữ ẩm** 마이 즈 엄 **가습기**

- **tủ áo** 뚜 아오 **옷장**
- **bàn gương** 반 그엉 **화장대, 경대**
- **ngăn kéo** 응안 게우 **서랍**

- **giường đơn / giường một**
  즈엉 던 / 즈엉 못 **싱글베드, 1인용 침대**
- **giường đôi** 즈엉 도이 **더블베드, 2인용 침대**
- **giường tầng** 즈엉 떵 **2단 침대**

A: **Phòng bẩn thế!**
퐁 번 테!
방이 엄청 더럽다!

B: **Biết rồi. Chưa có thời gian dọn mà.**
비엣 로이. 즈어 거 터이 잔 전 마.
알고 있어. 그런데 치울 시간이 없네.

A: **Thế tớ giúp nhé.**
테 떠 줍 내.
그럼 내가 도와줄게.

B: **Cám ơn.**
깜 언.
고마워.

PHÒNG TRẺ CON 퐁 쩨 건 아기 방

☐ **đồ chơi** 도 저이 장난감

Hôm nay bé chơi đồ chơi rất vui.
홈 나이 베 저이 도 저이 럿 부이.
오늘은 장난감을 가지고 잘 놀았어요.

☐ **bô / bồn cầu cho trẻ**
보 / 본 거우 저 쩨 유아용 변기

Đến lúc dùng bô rồi.
덴 룩 중 보 로이.
이제 유아용 변기를 사용할 때가 되었어요.

☐ **gấu bông** 거우 봉 곰인형

Bé nhà mình thích gấu bông nhất.
배 냐 밍 틱 거우 봉 녀잇.
곰인형은 우리 아기가 가장 좋아한다.

☐ **nôi** 노이 요람

Bé đang ngủ trong nôi.
베 당 응우 쫑 노이.
아기가 요람에서 자고 있다.

□ **giường nhỏ cho trẻ** 즈엉 녀 저 쩨 유아용 침대

□ **giường nôi** 즈엉 노이 침대 완충대

□ **tủ áo cho trẻ** 뚜 아오 저 쩨 아기 옷장

□ **ghế con** 게 건 유아 의자

□ **xe nôi** 세 노이 유모차

□ **hộp đồ chơi** 홉 도 저이 장난감 상자

□ **yếm** 이엠 턱받이

□ **bỉm** 빔 기저귀

□ **quần yếm** 구언 이엠 멜빵바지

A: **Tôi muốn mua xe nôi.**
또이 무언 무어 세 노이.
유모차를 사려고 하는데요.

B: **Vâng, cái này thì sao ạ?**
벙, 가이 나이 티 사오 아?
그러세요? 이거 어떠세요?

A: **Ừm, trông cũng được đấy. Bao nhiêu thế?**
음, 쫑 꿍 드억 더이. 바오 니에우 테?
음, 좋아 보이네요. 그런데 가격은요?

CÔNG CỤ·TẠP HÓA 공구·땁화 공구·잡화

☐ **tuốc nơ vít** 뚜억 너 빗 **드라이버**

☐ **cưa máy** 그어 마이 **전기톱**

☐ **kìm** 김 **펜치**

☐ **kéo** 게우 **가위**

☐ **cưa tay** 그어 따이 **톱**

☐ **rìu** 리우 **도끼**

☐ **búa** 부어 **망치**

☐ **đinh** 딩 **못**

Anh ấy dùng búa đóng đinh vào tường.

아인 에이 중 부어 동 딩 바오 뜨엉.
그는 벽에 망치로 못을 박았다.

☐ **xẻng** 셍 **삽**

☐ **thang gấp**
탕 겁 **사다리**

□ **chổi** 조이 빗자루

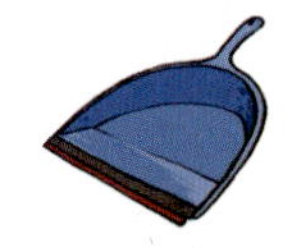

□ **gầu hót** 거우 헛 쓰레받기
Hót rác gọn vào gầu hót.
헛 락 건 바오 거우 헛.
쓰레받기에 빗자루로 쓰레기를 쓸어 담았다.

관련 단어

□ **tuốc nơ vít 4 cạnh** 뚜엇 너 빗 본 가잉 십자 드라이버

□ **dao thước** 자오 트억 줄칼

□ **thước dây** 트억 저이 줄자

□ **dây thép** 저이 텝 철사

□ **cái cuốc** 가이 구억 곡괭이

□ **hồ dán** 호 잔 풀, 접착제

□ **túi nilon** 뚜이 닐롱 비닐 봉지

□ **ổ cắm điện** 오 감 디엔 콘센트

□ **mắc áo** 막 아오 옷걸이

□ **xô** 소 양동이

□ **chỉ** 지 실

□ **kim** 김 바늘

□ **giẻ lau** 제 라우 걸레

□ **rác** 락 쓰레기

1 다음 빈칸에는 알맞은 베트남어를 써넣고, 베트남어는 해석해 보세요.

a) 나는 아파트에 삽니다.

Tôi sống trong __________ .

b) 단독주택　__________ riêng

c) tiền thuê nhà __________　chủ nhà __________

người thuê nhà __________

2 다음 단어를 베트남어 혹은 우리말로 고쳐 보세요.

a) 지붕 ____________　　앞마당 ____________

다락 ____________　　정원 ____________

잔디 ____________

b) trần nhà ____________　ghế bành ____________

sàn nhà ____________　quạt điện ____________

bức tranh ____________

c) gương ____________　　xà phòng ____________

bồn tắm ____________　　kem đánh răng ____________

khăn tắm ____________

d) 침대 ____________　　베개 ____________

옷장 ____________　　서랍 ____________

화장대 ____________

3 다음 그림과 단어를 연결해 보세요.

•　　　　　•　　　　　•　　　　　•　　　　　•

•　　　　　•　　　　　•　　　　　•　　　　　•

bát　　　　lò vi sóng　　　chạn　　　ấm nước　　　muôi

4 다음 보기에서 단어를 골라 빈칸에 써넣어 보세요.

nôi	cưa	đánh đu	đồ chơi
búa	gấu bông	đinh	thang gấp

a) 그네 ____________　　　요람 ____________

　　장난감 ____________　　　곰인형 ____________

b) 톱 ____________　　　망치 ____________

　　못 ____________　　　사다리 ____________

1 a) chung cư　　b) nhà　　c) 집세　　집주인　　세입자

2 a) mái nhà　　sân trước　　gác xép　　vườn　　thảm cỏ / bãi cỏ
　　b) 천장　　안락의자　　마루　　선풍기　　그림
　　c) 거울　　비누　　욕조　　치약　　수건
　　d) giường　　gối　　tủ áo　　ngăn kéo　　bàn gương

3 전자레인지 – lò vi sóng　　주전자 – ấm nước　　국자 – muôi　　그릇 – bát
　　찬장 – chạn

4 a) đánh đu　　nôi　　đồ chơi　　gấu bông
　　b) cưa　　búa　　đinh　　thang gấp

THEMATIC VIETNAMESE WORDS

Theme ③

SỐ 소 수

1 인간
2 가정
3 수
4 도시
5 교통
6 업무
7 쇼핑
8 스포츠·취미
9 자연

CHỮ SỐ 즈소 숫자

☐ **0 không** 콩

☐ **1 một** 못

☐ **2 hai** 하이

☐ **3 ba** 바

☐ **4 bốn** 본

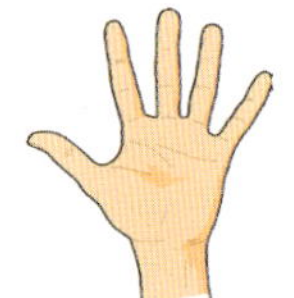

☐ **5 năm** 남

☐ **6 sáu** 사우

☐ **7 bảy** 바이

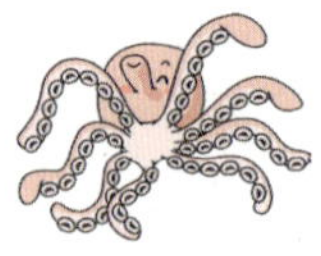

☐ **8 tám** 땀

☐ **9 chín** 진

☐ **10 mười** 므어이

- 11 **mười một** 므어이 못
- 12 **mười hai** 므어이 하이
- 13 **mười ba** 므어이 바
- 14 **mười bốn** 므어이 본
- 15 **mười lăm** 므어이 람
- 16 **mười sáu** 므어이 사우
- 17 **mười bảy** 므어이 바이
- 18 **mười tám** 므어이 땀
- 19 **mười chín** 므어이 진
- 20 **hai mươi** 하이 므어이

- 30 **ba mươi** 바 므어이
- 40 **bốn mươi** 본 므어이
- 50 **năm mươi** 남 므어이
- 60 **sáu mươi** 사우 므어이
- 70 **bảy mươi** 바이 므어이
- 80 **tám bươi** 땀 므어이
- 90 **chín mươi** 진 므어이
- 100 **một trăm** 못 짬 (1백)

- 1,000 **một nghìn** 못 응인 (1천)
- 10,000 **mười nghìn** 므어이 응인 (1만)
- 100,000 **một trăm nghìn** 못 짬 응인 (10만)
- 1,000,000 **một triệu** 못 찌에우 (백만)
- 10,000,000 **mười triệu** 므어이 찌에우 (천만)

- 0.3 **không phẩy ba** 콩 퍼이 바
- 1/5 **một phần năm** 못 펀 남
- 70% **bảy mươi phần trăm** 바이 므어이 펀 짬

관련 단어

- **số lẻ** 솔레 **홀수**
- **số chẵn** 소짠 **짝수**
- **số chỉ số lượng** 소 지 소 르엉 **기수**
- **số thứ tự** 소 트 뜨 **서수**
- **phân số** 펀소 **분수**

- **lớn hơn** 런 헌 ~보다 크다
- **nhỏ hơn** 녀 헌 ~보다 작다
- **giống (như)** 종 (느) ~와 같다
- **không giống** 콩 종 ~와 같지 않다

- **đếm** 뎀 세다
- **thanh toán** 타잉 또안 **계산하다**
- **hai lần** 하이 런 **두 배**
- **trung bình** 중 빙 **평균**

dialogue
hội thoại

A: Cho tớ xin số điện thoại được không?
저 떠 신 소 디엔 토아이 드억 콩?
네 전화번호 좀 가르쳐 줄래?

B: Ừ, 0982-250-463.
으, 콩 진 땀 하이 하이 남 콩 본 사우 바.
응, 0982–250–463이야.

베트남 사람들은 9를 가장 좋은 숫자로 생각하는데, 이는 9가 힘이나 권력을 상징하는 꽉 찬 수이기 때문이다.

3을 아주 싫어하여, 세 명이 사진을 찍으면 가운데 사람에게 불행이 온다고 생각한다. 그래서 세 명이 사진을 찍어야 한다면 나무 기둥 같은 것을 사이에 들어가게 하여 찍는다고 한다. 또 음력 3일이나 7일에 어디를 가는 등의 이동은 하지 않는다. "7일에 가지 말고, 3일에 오지 말라."는 속담도 있다.

하지만 한편으로 3은 신성한 숫자로 여기기도 하여, 장례나 사원에서 공양물을 바칠 때 꽃이나 향은 세 개, 초나 과일 같은 음식은 세 개 혹은 다섯 개로 사용한다.

우리가 행운의 숫자로 여기는 7은 좋지 않은 숫자로 여긴다. 전화번호 숫자가 78로 끝나는 것은 좋지 않다고 생각한다. '실패'를 의미하는 발음과 비슷하게 들리므로, 특히 사업하는 사람의 경우는 더욱 금기하는 숫자이다.

6과 8은 일반적으로 좋은 숫자로 생각한다.

A: Con mực có 8 chân nhỉ?
껀 뭉 거 땀 쩌인 니?
문어 다리가 여덟 개니?

B: Tự nhiên hỏi thế tớ cũng không chắc. Không phải 9 chân à?
뜨 니엔 허이 테 떠 꿍 콩 짝. 콩 파이 진 쩌인 아?
갑자기 물으니까 나도 헷갈리는데. 아홉 개 아니야?

A: Đừng đùa, 8 cái đúng không?
등 두어, 땀 까이 둥 콩?
장난하지 마, 여덟 개인 거 맞지?

A: Trời, sao chẳng có cái bút chì nào thế này? Cho tớ mượn một cái được không?
쩌이, 사오 장 거 까이 붓 지 나오 테 나이? 저 떠 므언 못 까이 드억 콩?
이런, 연필이 한 자루도 없네. 좀 빌려줄 수 있니?

B: Ừ, tớ có 3 cái cơ. Đây này.
으, 떠 거 바 까이 거. 더이 나이.
그럴게. 난 세 자루나 있거든. 자, 여기 있어.

TÍNH TOÁN 띵 또안 **계산**

□ **ngang** 응앙 **가로의**

□ **dọc** 족 **세로의**

□ **khoảng cách**
쾅 가익 **거리**

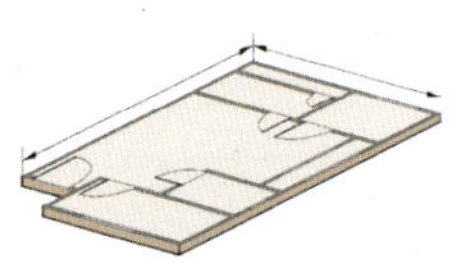

□ **diện tích**
지엔 띡 **넓이, 면적**

□ **chiều sâu**
지에우 서우 **깊이**

□ **chiều cao**
지에우 가오 **높이**

□ **cân nặng**
건 낭 **무게**

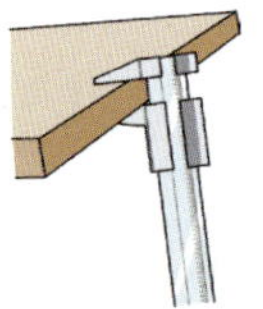

□ **độ dày**
도 자이 **두께**

□ **thể tích**
테이 띡 **부피**

□ **tốc độ** 똑 도 **속도**

- **chiều rộng** 지에우 롱 크기
- **chiều dài** 지에우 자이 길이, 치수

- **cộng** 공 덧셈
- **trừ** 쯔 뺄셈
- **nhân** 녀인 곱셈
- **chia** 지어 나눗셈

- **Năm cộng chín bằng mười bốn.**
  남 공 진 방 므어이 본. 5 더하기 9는 14.

- **Mười chia hai bằng năm.**
  므어이 지어 하이 방 남. 10 나누기 2는 5.

- **mét** 맷 미터(m)
- **mét vuông** 맷 부엉 평방미터, 제곱미터(㎡)
- **lạng** 랑 그램(g)
- **tấn** 떤 톤(t)
- **lít** 릿 리터(ℓ)
- **dặm** 잠 마일(mile)(1mile ≒ 1.6km)
- **milimet** 밀리멧 밀리미터(mm)
- **centimet** 센띠멧 센티미터(cm)
- **kilomet** 길로멧 킬로미터(km)

A: Sông này sâu bao nhiêu nhỉ?
송 나이 서우 바오 니에우 니?
저 강물 깊이는 얼마나 될까?

B: Chắc khoảng hơn 10m.
작 쾅 헌 므어이 맷.
아마 10미터는 넘을 거야.

71

HÌNH HỌA 힝 화 도형

☐ **hình tròn** 힝 쩐 원
Mặt mình trông như hình tròn ấy.
맛 밍 쫑 느 힝 쩐 에이.
내 얼굴은 원처럼 동그랗다.

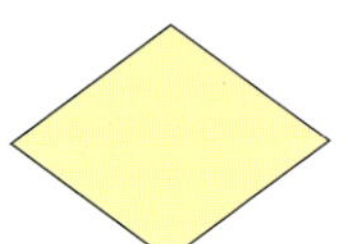

☐ **hình thoi**
힝 터이 마름모

☐ **hình chữ nhật**
힝 즈 녀잇 직사각형

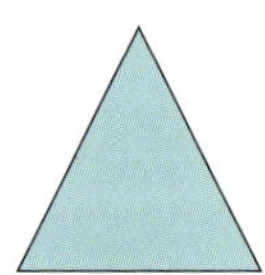

☐ **hình tam giác** 힝 땀 작 삼각형
Hình tam giác là hình do nối 3
điểm tạo nên.
힝 땀 작 라 힝 저 노이 바 디엠 따오 넨.
삼각형은 세 점을 이어 만든 도형이다.

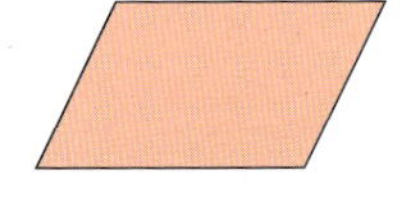

☐ **hình bình hành**
힝 빙 하잉 평행사변형

☐ **hình vuông** 힝 푸엉 정사각형
Hình vuông là hình có 4 cạnh
bằng nhau.
힝 부엉 라 힝 거 본 가인 방 나우.
정사각형은 네 변의 길이가 같다.

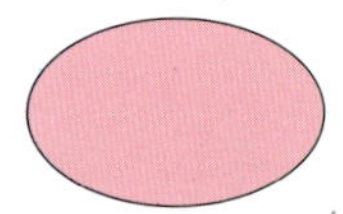

☐ **hình elip**
힝 엘립 타원형

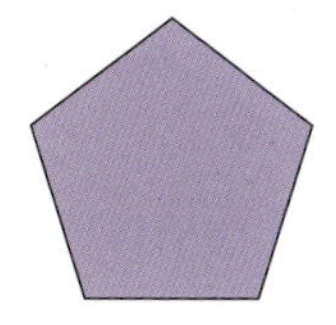

□ **hình ngũ giác** 힝 응우 작 **오각형**

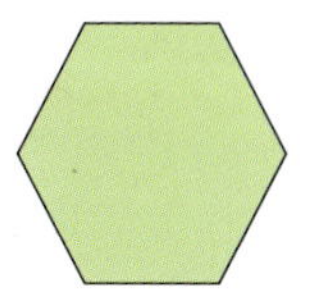

□ **hình lục giác** 힝 룩 작 **육각형**
Tổ ong có hình lục giác.
또 옹 거 힝 룩 작.
벌집은 육각형이다.

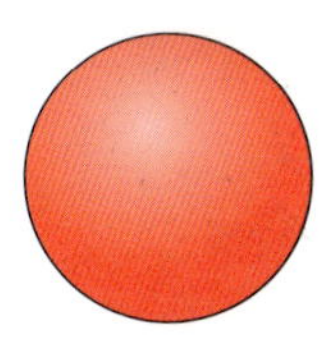

□ **hình cầu** 힝 가우 **구**
Trái Đất của chúng ta hình cầu.
짜이 덧 구어 충 따 힝 거우.
우리가 사는 지구는 구형이다.

□ **hình hộp chữ nhật**
힝 홉 즈 녀잇 **정육면체**

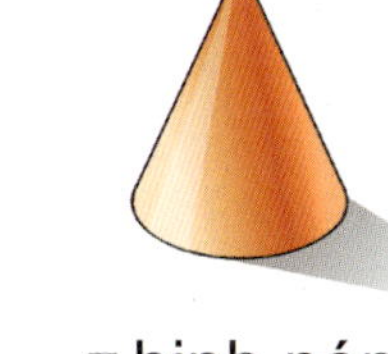

□ **hinh nón**
힝 논 **원추형**

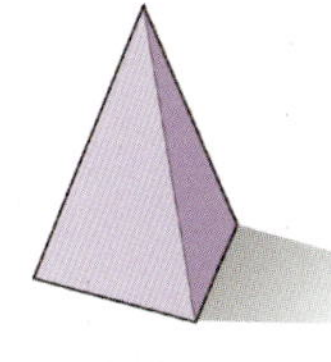

□ **hình hộp tam giác**
힝 홉 땀 작 **각뿔**

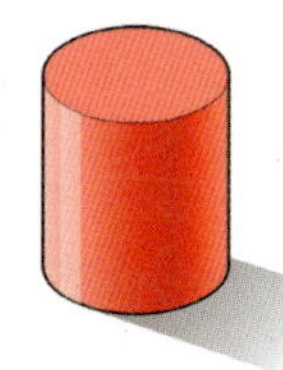

□ **hình trụ**
힝 추 **원기둥**

LỊCH 릭 달력

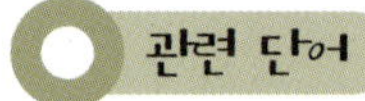 MÙA 무어 계절

☐ **mùa xuân** 무어 수언 봄

☐ **mùa hè** 무어 헤 여름

☐ **mùa đông** 무어 동 겨울

☐ **mùa thu** 무어 투 가을

관련 단어

☐ **bốn mùa** 본 무어 사계절

☐ **xuân hạ thu đông** 수언 하 투 동 춘하추동

THÁNG 탕 월

- tháng một 탕 못 1월
- tháng hai 탕 하이 2월
- tháng ba 탕 바 3월
- tháng bốn 탕 본 4월
- tháng năm 탕 남 5월
- tháng sáu 탕 사우 6월
- tháng bảy 탕 바이 7월
- tháng tám 탕 땀 8월
- tháng chín 탕 진 9월
- tháng mười 탕 므어이 10월
- tháng mười một 탕 므어이 못 11월
- tháng mười hai 탕 므어이 하이 12월

A: Anh thích mùa gì?
아인 틱 무어 지?
무슨 계절을 좋아하세요?

B: Tôi thích mùa thu.
또이 틱 무어 투.
가을을 좋아해요.

A: Thế à? Tôi cũng vậy.
테 아? 또이 꿍 버이.
그래요? 저도 그래요.

NGÀY ĐẶC BIỆT 응아이 닥 비엣 **특별한 날**

☐ **Tết** 뗏 **설**

Tết tôi hay về quê.
뗏 또이 하이 베 구에.
설이면 나는 고향에 간다.

☐ **(Rằm) Trung thu** (람) 충 투 **추석**

Trung thu gì cũng nhiều.
충 투 지 궁 니에우.
추석에는 모든 것이 풍요롭다.

☐ **lễ tình yêu / ngày va-len-tin**

레 띵 이에우 / 응아이 발렌딘 **밸런타인데이**

☐ **sinh nhật** 싱 녀잇 **생일**

☐ **Giáng sinh / nô-en**

장 싱 / 노-엔 **크리스마스**

Tối Giáng sinh gặp nhau nhé.
또이 장 싱 갑 냐우 내.
우리 내일 크리스마스 이브에 만나자.

- **ngày lễ** 응아이 레 명절, 기념일

- **năm mới** 남 머이 신년, 새해
- **Tết Nguyên Đán** 뗏 응위엔 단 원단, 설날, 양력 1월 1일
- **Tết Đoan Ngọ** 뗏 도안 응어 단오절(음력 5월 5일)
- **Tết thiếu nhi** 뗏 티에우 니 어린이날(6월 1일)
- **ngày của bố** 응아이 구어 보 아버지의 날(매년 6월 셋째 주 일요일)
- **ngày của mẹ** 응아잉 구어 메 어머니의 날(매년 5월 둘째 주 일요일)

- **lễ thọ 70** 레 터 바이 므어이 칠순, 고희

CÁC NGÀY TRONG TUẦN 각 응아이 쫑 뚜언 요일

- **chủ nhật** 주 녀잇 일요일
- **thứ hai** 트 하이 월요일
- **thứ ba** 트 바 화요일
- **thứ tư** 트 뜨 수요일
- **thứ năm** 트 남 목요일
- **thứ sáu** 트 사우 금요일
- **thứ bảy** 트 바이 토요일

THỜI GIAN 터이 잔 시간

☐ **giờ** 저 시　→　☐ **phút** 풋 분　→　☐ **giây** 저이 초

☐ **sáng sớm**
상 섬 새벽

☐ **(buổi) sáng**
(부오이) 상 아침

Một buổi sáng thật sảng khoái với ánh mặt trời chói mắt.
못 부오이 상 텃 상 콰이 버이 아인 맛 쩌이 저이 맛.
햇살이 눈부신 상쾌한 아침이야.

☐ **(buổi) trưa**
(부오이) 쯔어 정오

☐ **nửa đêm**
느어 뎀 한밤중, 심야

☐ **ban ngày**
반 응아이 낮

☐ **ban đêm**
반 뎀 밤

☐ **(buổi) tối**
(부오이) 또이 저녁

Tối nay tôi có hẹn gặp bạn.
또이 나이 또이 거 헨 갑 반.
오늘 저녁에 친구와 만나기로 했다.

☐ **(buổi) chiều**
(부오이) 지에우 오후

□ **hôm kia** 홈 기어 그저께
Bố mẹ tôi đã đi du lịch Việt Nam hôm kia.
보 메 또이 다 디 줄 릭 비엣 남 홈 기어.
아빠와 엄마는 그저께 베트남으로 여행을 가셨어요.

□ **hôm qua**
홈 과 어제

□ **hôm nay**
홈 나이 오늘

□ **ngày mai**
응아이 마이 내일

□ **ngày kia** 응아이 기어 모레
Ngày kia là ngày cưới chị tôi.
응아이 기어 라 응아이 그어이 치 또이.
모레는 언니가 결혼하는 날이다.

관련 단어

□ **ngày tháng** 응아이 탕 날짜

□ **ngày thường** 응아이 트엉 평일

□ **cuối tuần** 구어이 뚜언 주말

□ **thế kỉ** 테 기 세기

□ **quá khứ** 과 크 과거

□ **hiện tại** 히엔 따이 현재

□ **tương lai** 뜨엉 라이 미래

- **bây giờ** 버이 저 **지금**
- **sau này** 사우 나이 **나중**
- **vừa mới** 브어 머이 **방금**
- **từ giờ** 뜨 저 **이제부터**
- **liên tục / tiếp tục** 리엔 뚝 / 띠엡 뚝 **계속, 줄곧**
- **đôi lúc** 도이 룩 **때때로, 이따금**
- **thỉnh thoảng** 팅 퇑 **가끔**
- **lần đầu** 런 더우 **제1, 최초, 첫(번)째**
- **đầu tiên** 더우 띠엔 **처음, 최초, 맨 먼저**
- **cuối cùng** 구어이 궁 **마지막**
- **khoảnh khắc** 쾡 칵 **순간**

- **tuần trước** 뚜언 쯔억 **지난 주**
- **tuần này** 뚜언 나이 **이번 주**
- **tuần sau** 뚜언 사우 **다음 주**

- **hàng ngày** 항 응아이 **매일**
- **hàng tuần** 항 뚜언 **매주**
- **hàng tháng** 항 탕 **매월**
- **hàng năm** 항 남 **매년**

□ **bốn giờ sáng**
본 저 상 오전 4시

□ **ba giờ mười lăm phút chiều**
바 저 므어이 람 풋 지에우 오후 3시 15분

□ **2:30** hai rưỡi 하이 르어이 2시 반

□ **9:05** chín giờ năm 진 저 남 9시 5분

□ **3:45** ba giờ bốn mươi lăm (phút)
바 저 본 므어이 람 (풋) 3시 45분

bốn giờ kém mười lăm (phút)
본 저 겜 므어이 람 (풋) 4시 15분 전

A: **Thứ bảy đi chơi với tớ nhé.**
트 바이 디 저이 버이 떠 내.
토요일에 나랑 같이 놀러 가요.

B: **Thật không? Vui quá.**
텃 콩? 부이 과.
정말요? 재미있겠네요!

A: **Mấy giờ tớ qua đón đây?**
머이 저 떠 과 던 더이?
언제 데리러 갈까요?

B: **Khoảng 10h nhé.**
쾅 므어이 저 내.
오전 열 시쯤 와주세요.

1 다음 숫자를 베트남어로 써보세요.

a) 14 _______________   b) 67 _______________

c) 134 _______________   d) 2233 _______________

2 다음 단어의 뜻을 써 보세요.

a) diện tích _______________

b) cân nặng _______________

c) khoảng cách _______________

d) chiều cao _______________

3 다음 그림과 단어를 연결해 보세요.

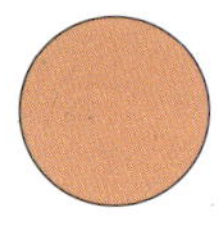 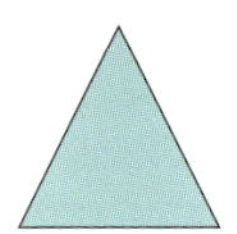  

hình ngũ giác   hình vuông   hình tam giác   hình tròn

4 다음 빈칸에 알맞은 베트남어를 써넣어 보세요.

a) 겨울은 12월에서 2월까지이다.

Mùa đông là từ _______________ đến _______________.

b) 수요일 _______________   토요일 _______________

c) 어제 ______________ — 오늘 **hôm nay** — 내일 ______________

d) 아침 **buổi sáng** — 정오 **buổi trưa** — 오후 ______________

    — 저녁 ______________ — 밤 ______________

e) 지금 ______________　　　나중 ______________

    순간 ______________　　　매일 ______________

5 다음 시간을 베트남어로 써보세요.

a) 2:15 ______________

b) 2시 8분 전 ______________

c) 8시 정각 ______________

d) 9시 반 ______________

정답

1 a) mười bốn
　　 b) sáu mươi bảy
　　 c) một trăm ba mươi tư
　　 d) hai nghìn hai trăm ba mươi ba

2 넓이　　무게　　거리　　높이

3 원 – hình tròn　　삼각형 – hình tam giác　　사각형 – hình vuông
　　 오각형 – hình ngũ giác

4 a) tháng 12　　tháng 2
　　 b) thứ tư　　thứ bảy
　　 c) hôm qua　　ngày mai
　　 d) buổi chiều　　buổi tối　đêm
　　 e) bây giờ　　sau này　　khoảnh khắc　　hàng ngày

5 a) hai giờ mười lăm phút
　　 b) hai giờ kém tám phút
　　 c) tám giờ đúng
　　 d) chín rưỡi

THEMATIC VIETNAMESE WORDS

Theme 4

→ ĐÔ THỊ 도티 도시

1 인간
2 가정
3 수
4 도시
5 교통
6 업무
7 쇼핑
8 스포츠·취미
9 자연

KHU VỰC NỘI THỊ 쿠브윽노이티 시내

□ **chung cư** 중그 아파트

□ **đồn cảnh sát** 돈 가잉 삿 경찰서

□ **thư viện** 트비엔 도서관

□ **trường học** 쯔엉 혹 학교

Dậy nhanh, muộn học bây giờ!
저이 냐인, 무언 혹 베이 저!
학교에 지각하겠다, 빨리 일어나!

□ **rạp chiếu phim** 랍 지에우 핌 영화관

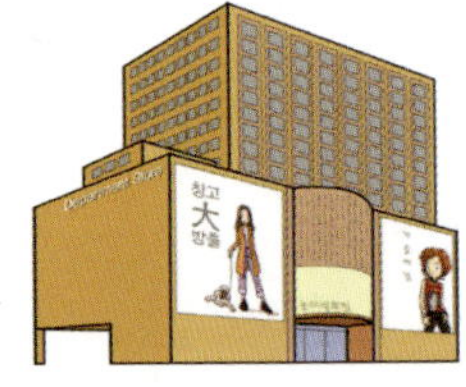

□ **biển hiệu**
비엔 히에우 간판

□ **bách hóa (tổng hợp)**
바익 화 (똥 헙) 백화점

Kia là bách hóa mới xây đấy.
기어 라 바익 화 머이 서이 데이.
저게 새로 짓는 백화점 건물이래.

□ **cửa hàng** 그어 항 가게

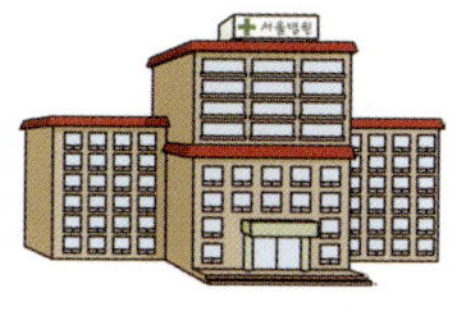

□ **bệnh viện** 베잉 비엔 병원

Tớ đau họng quá. Chắc phải đến bệnh viện khám thôi.
떠 다우 홍 과. 작 파이 덴 베잉 비엔 캄 토이.
목이 너무 아파. 병원에 가봐야겠어.

□ **bưu điện** 브우 디엔 우체국

□ **hiệu thuốc** 히에우 투억 약국

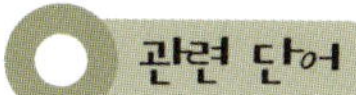
관련 단어

□ **nhà cao tầng** 냐 가오 떵 고층 건물

□ **tòa nhà** 또아 냐 빌딩

□ **viện bảo tàng** 비엔 바오 땅 박물관

□ **viện mĩ thuật** 비엔 미 투엇 미술관

□ **công trường** 공 쯔엉 공장

□ **hiệu sách** 히에우 사익 서점

□ **trung tâm thương mại điện tử / chợ điện tử**
중 떰 트엉 마이 디엔 뜨 / 저 디엔 뜨 전자 상가

□ **ga tàu hỏa** 가 따우 화 기차역

□ **cầu** 가우 육교

□ **hàng cây** 항 거이 가로수

□ **ap-phich** 압-픽 포스터

BƯU ĐIỆN 브우 디엔 우체국

☐ **nhân viên bưu điện**

녀인 비엔 브우 디엔 우체국 직원

Nhân viên bưu điện quầy 3 đã nhận gói hàng của tôi.

녀인 비엔 브우 디엔 구어이 바 다 녀인 거이 항 구어 또이.

3번 창구의 우체국 직원이 내 소포를 접수했다.

☐ **bưu tá** 브우 따 집배원

Anh bưu tá ấy luôn đúng giờ.

아인 브우 따 어이 루언 둥 저.

그 집배원은 거의 같은 시간에 도착한다.

☐ **thư / bức thư**

트/북트 편지

☐ **tem / con tem**

뗌/껀 뗌 우표

☐ **thùng thư**

통 트 우체통

☐ **số hòm thư**

소험트 우편 번호

☐ **phong bì thư**

퐁 비 트 편지 봉투

☐ **chú ý**

주이 (취급) 주의

☐ **cửa (số ~)** 그어 (소 ~) (~번) 창구

☐ **cân** 건 저울

☐ **phí bưu điện** 피 브우 디엔 우편 요금

☐ **địa chỉ** 디어 지 주소

☐ **dấu bưu điện** 저우 브우 디엔 소인

☐ **gửi theo đường bưu điện** 그이 태우 드엉 브우 디엔 우송(하다)

☐ **bưu phẩm** 브우 펌 소포

☐ **đăng kí** 당 기 등기

☐ **gửi nhanh** 그이 냐인 속달

A: **Bưu điện có xa đây không ạ?**
브우 디엔 거 사 더이 콩 아?
우체국이 여기서 멀리 있나요?

B: **Gần lắm. Đi bộ là đến.**
건 람. 디 보 라 덴.
아주 가까워요. 걸어서 갈 수 있어요.

A: **Đi bộ thì mất bao lâu ạ?**
디 보 티 멋 바오 러우 아?
걸어서 얼마나 걸리나요?

B: **Khoảng 2 phút thôi.**
쾅 하이 풋 토이.
2분 정도요.

A: **Vâng, cảm ơn bác ạ.**
벙, 깜 언 박 아.
예, 고맙습니다.

BỆNH VIỆN 베잉 비엔 병원

□ **khoa ngoại**
콰 응와이 외과

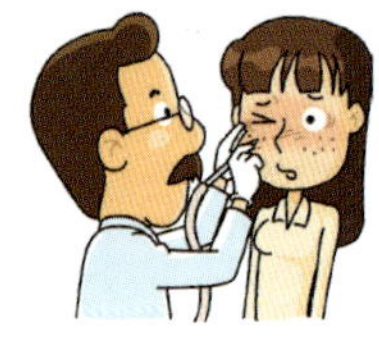

□ **khoa da liễu**
콰 자 리에우 피부과

□ **khoa nhi** 콰 니 소아과

Con tôi bị sốt nên tôi đã đưa
cháu đến khoa nhi.
껀 또이 비 솟 넨 또이 다 드어 차우 덴 콰 니.
아이가 열이 나서 소아과에 다녀왔다.

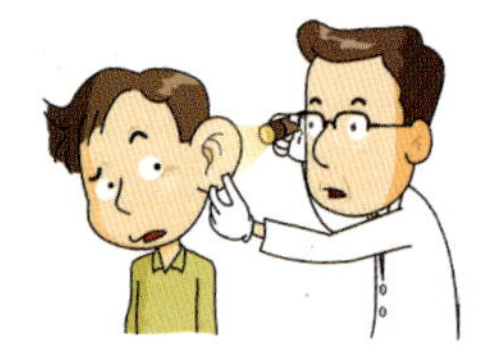

□ **khoa tai mũi họng**
콰 따이 무이 홍 이비인후과

□ **khoa sản** 콰 산 산부인과

□ **bác sĩ** 박 시 의사

Phải nghe lời bác sĩ nghỉ ngơi
một thời gian nhé.
파이 응에 러이 박 시 응이 응어이 못 터이 잔 내.
안정을 취하라는 의사의 말을 무시하지 마세요.

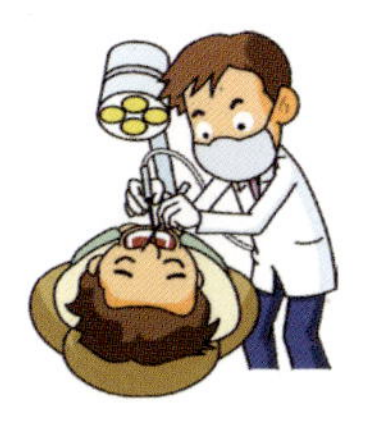

□ **bác sĩ nha khoa**
박 시 냐 콰 **치과 의사**

□ **y tá** 이 따 **간호사**
Y tá gọi tên tôi rồi.
이 따 거이 뗀 또이 로이.
간호사가 내 이름을 불렀다.

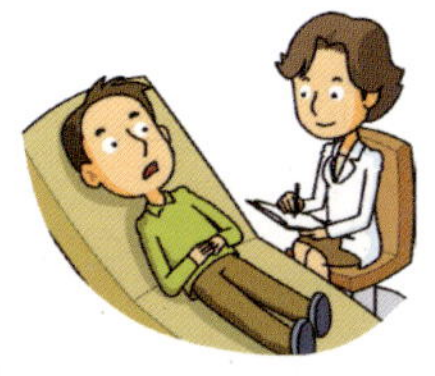

□ **y tá khoa tâm thần**
이 따 콰 떰 턴 **정신과 의사**

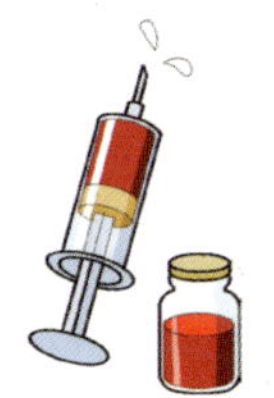

□ **tiêm** 띠엠 **주사를 놓다[맞다]**

□ **nhiệt kế / cặp nhiệt độ**
니엣 게 / 갑 니엣 도 **체온계**

□ **nạng** 낭 **목발**
Bác sĩ bảo phải chống nạng
trong 1 tháng tới.
박 시 바오 파이 종 낭 쫑 못 탕 떠이.
앞으로 한달 동안은 목발을 짚고 다녀야 한대.

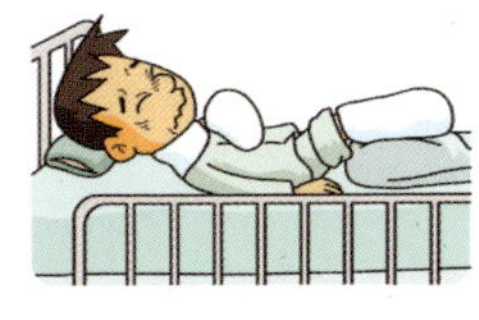

□ **bó bột** 버 봇 **깁스**

관련 단어

- khoa nội 콰 노이 **내과**
- cơ quan tiết niệu 거 관 띠엣 니에우 **비뇨기관**
- khoa phẫu thuật chỉnh hình 콰 퍼우 투엇 징 힝 **정형외과**
- khoa phẫu thuật thẩm mĩ 콰 퍼우 투엇 텀 미 **성형외과**
- khoa mắt 콰 맛 **안과**

- xe cấp cứu 세 껍 끄우 **구급차**
- đội cứu trợ khẩn cấp 도이 끄우 저이 컨 껍 **응급 구조 요원**
- bệnh nhân 베잉 녀인 **환자**

- kiểm tra sức khỏe 기엠 짜 슥 코에 **진찰하다[받다]**
- trị liệu 치 리에우 **치료(하다)**
- khử trùng 크 쭝 **소독하다**
- phẫu thuật / mổ 퍼우 투엇 / 모 **수술(하다)**
- tiêm dung dịch Ringer 띠엠 중 직 링거 **링거액을 주사하다**

- phiếu khám bệnh 피에우 캄 베잉 **진단서**
- đơn thuốc 던 투억 **처방전**
- chẩn đoán sức khỏe 저인 도안 슥 코에 **건강 진단**
- xe lăn 세 란 **휠체어**

A: Đến nhanh, chiều còn đi khám mắt nữa.
뎬 나인, 치에우 건 디 캄 맛 느어.
오늘 오후에 안과에 가야 하니, 빨리 와라.

B: Nhưng hôm nay con có giờ học muộn.
능 홈 나이 건 거 저 혹 무언.
오늘은 수업이 늦게까지 있는데요.

A: Làm sao đây? Hôm nay là buổi kiểm tra sức khỏe định kì mà.
람 사오 더이? 홈 나이 라 부오이 기엠 짜 슥 코에 딩 기 마.
오늘이 정기적으로 진찰받는 날인데, 그러면 어떡하지?

B: Mẹ gọi đến bệnh viện chuyển sang ngày mai đi.
메 거이 뎬 베잉 비엔 쮜엔 상 응아이 마이 디.
엄마, 병원에 전화해서 내일로 연기하면 안 될까요?

A: Người Việt Nam có phẫu thuật thẩm mỹ nhiều không?
응어이 비엣 남 거 퍼우 투엇 텀 미 니에우 콩?
베트남 사람들도 성형수술 많이 하니?

B: Không, cũng không làm nhiều lắm.
콩, 궁 콩 람 니에우 람.
아니, 별로 많이 하지 않아.

A: Bạn cậu mà lần trước mình gặp hình như có sửa mũi hay sao ấy chứ?
반 거우 마 런 쯔억 밍 갑 힝 느 거 스어 무이 하이 사오 에이 즈?
지난번에 본 네 친구 코 수술한 거 같던데?

B: Ừ, nó còn làm cả lúm đồng tiền nữa cơ.
으, 너 건 람 가 룸 동 디엔 느어 거.
응, 걔는 보조개 수술까지 했어.

HIỆU THUỐC 히에우 투억 **약국**

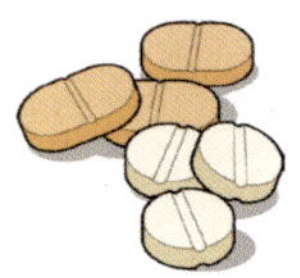

□ **thuốc viên** 투억 비엔 **알약**

Uống thuốc viên là tiện nhất.
우엉 투억 비엔 라 띠엔 녀잇.
알약은 비교적 먹기 편해요.

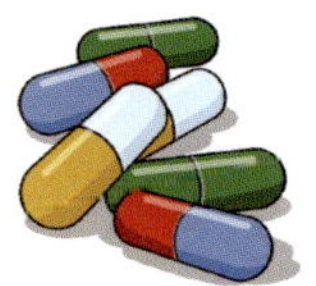

□ **thuốc viên con nhộng**

투억 비엔 건 농 **캡슐**

□ **thuốc nước** 투억 느억 **물약**

Thuốc nước này cho uống mỗi
lần 2 thìa nhé.
투억 느억 나이 저 우엉 모이 런 하이 티어 내.
이 물약은 한번에 두 스푼씩 먹이세요.

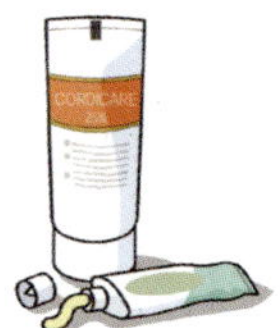

□ **thuốc mỡ / thuốc bôi**

투억 머 / 투억 보이 **연고**

Nhớ bôi thuốc mỡ lên vết
thương đều nhé.
녀 보이 투억 머 렌 벳 트엉 데우 내.
상처에 꾸준히 연고를 발라 주세요.

□ **gạc** 각 **거즈**

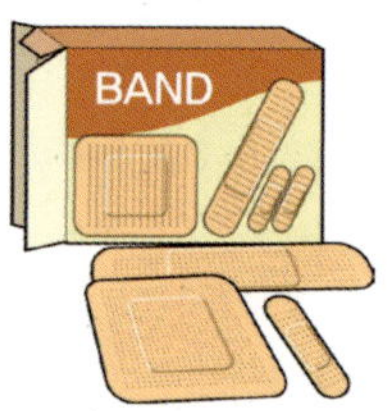

□ **băng dán cá nhân**
방 잔 가 녀인 **일회용 밴드**

- dược sĩ 즈억 시 **약사**

- liều lượng 리에우 르엉 **복용량**
- thuốc 투억 **내복약**
- thuốc đạn / thuốc nhét 투억 단/투억 녯 **좌약**

- thuốc giảm đau 투억 잠 다우 **진통제**
- thuốc ngủ 투억 응우 **수면제**
- thuốc an thần 투억 안 턴 **진정제**
- thuốc chống viêm 투억 쫑 비엠 **소염제**
- thuốc tiêu chảy 투억 띠에우 자이 **설사약, 지사제**
- nước rửa vệ sinh 느억 르어 베 싱 **생리 식염수**
- băng vệ sinh 방 베 싱 **생리대**
- băng 방 **붕대**

- tác dụng phụ 딱 중 푸 **부작용**

A: Cho tôi thuốc giảm đau.
저 또이 투억 잠 다우.
이 진통제 좀 주세요.

B: Thuốc này cần có đơn của bác sĩ.
투억 나이 껀 꺼 던 구어 박 시.
이 약을 사시려면, 의사의 처방전이 있어야 해요.

CÁC CHỨNG BỆNH 각종 베잉 **질병**

☐ **nhiễm lạnh**
니엠 란 **오한이 들다**

☐ **nôn mửa** 논 므어 **구토(하다)**
Ăn trưa bị nghẹn nên giờ nôn ra hết rồi.
안 쯔어 비 응엔 넨 저 논 헷 라 로이.
점심 먹은 게 체해서 구토를 한다.

☐ **đau đầu** 다우 더우 **두통**
Đau đầu quá, chẳng làm được gì cả.
다우 더우 꽈, 짱 람 드억 지 가.
두통이 심해서 정신을 차릴 수가 없다.

☐ **sốt / sốt cao**
솟 / 솟 가오 **열이 나다**

☐ **buồn nôn**
부언 논 **구역질(하다)**

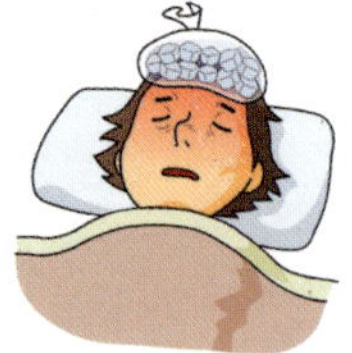

☐ **cảm sốt** 감 솟 **독감**
Hôm nay anh ấy nghỉ làm vì bị cảm sốt.
홈 나이 아인 에이 응이 람 비 비 감 솟.
그는 오늘 독감으로 결근했습니다.

☐ **cảm cúm**
감 굼 **감기(에 걸리다)**

(bị) bỏng
(비) 봉 **화상(을 입다)**

dị ứng
지 응 **알레르기 반응**

chảy máu mũi
자이 마우 무이 **코피**

vết thương 벳 트엉 **상처**
Phải giữ vết thương sạch
sẽ chứ...

파이 즈 벳 트엉 사익 셰 즈...
상처가 깨끗하게 아물어야 할 텐데….

mụn nước 문 느억 **물집**
Đi giày mới thấy chân lên
mụn nước.

디 자이 머이 터이 쩐 렌 문 느억.
새 신을 신었더니 발에 물집이 생겼다.

cao huyết áp
가오 후옛 압 **고혈압**

Chưa 40 mà đã cao huyết
áp rồi...

즈어 본 므어이 마 다 가오 후옛 압 로이...
아직 40도 안 된 사람이 고혈압이라니….

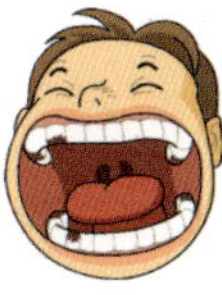

răng sâu 랑 서우 **충치**
Trời, lại thêm một cái răng
sâu này.

쩌이, 라이 템 못 가이 랑 서우 나이.
아이구, 충치가 또 하나 늘었네!

관련 단어

- phát bệnh 팟 베잉 병이 나다
- khuẩn bệnh 쿠언 베잉 병균

- ung thư 웅 트 암
- bệnh tiểu đường 베잉 띠에우 드엉 당뇨병
- viêm gan 비엠 간 간염
- bệnh béo phì 베잉 베우 피 비만증
- bệnh thiếu máu 베잉 티에우 마우 빈혈
- thiên đầu thống 티엔 더우 통 편두통
- đau lưng 다우 릉 요통
- đau bụng 다우 붕 복통
- trúng độc 중 독 식중독
- rối loạn tiêu hóa 로이 로안 띠에우 화 소화 불량
- táo bón 따오 번 변비
- cúm gia cầm 굼 자 검 조류 독감, 조류 인플루엔자
- tiêu chảy 띠에우 자이 설사
- chảy máu / xuất huyết 자이 마우 / 수엇 후옛 출혈
- ho 허 기침
- hắt xì hơi 헛 시 허이 재채기
- mù / mắt kém 무 / 맛 겜 눈이 멀다
- điếc 디엑 귀가 들리지 않다

● 고래 싸움에 새우등 터진다.

Trâu bò đánh nhau ruồi muỗi chết.

쩌우 버 다잉 냐우 루오이 무오이 쳇.

물소 싸움에 모기가 죽는다.

● 종로에서 뺨 맞고 한강에 가서 화풀이한다.

Giận cá chém thớt.

전 가 쩸 텃.

물고기 대신 도마를 친다.

● 하룻강아지 범 무서운 줄 모른다.

Điếc không sợ súng.

디엑 콩 서 숭.

귀머거리는 총을 무서워하지 않는다.

A: **Chứng thiếu máu của anh thế nào rồi?**

중 티에우 마우 구어 아인 테 나오 로이?

당신 빈혈 증세는 좀 어때요?

B: **Vẫn thế ạ. Sao mà đỡ nhanh thế được.**

번 테 아. 사오 마 더 냐인 테 드억.

그저 그렇죠, 뭐. 금방 좋아질 리가 없잖아요.

A: **Vì thế anh nhớ uống thuốc đều nhé.**

비 테 아인 녀 우엉 투억 데우 내.

그러니 약 좀 잘 챙겨 먹어요.

B: **Tôi vẫn đang uống đầy đủ ạ. Đừng lo.**

또이 번 당 우엉 더이 두 아. 등 러.

잘 먹고 있어요. 걱정하지 마세요.

NGÂN HÀNG 응어인 항 은행

☐ **nhân viên ngân hàng**
녀인 비엔 응어인 항 **은행 지원**

☐ **thanh tra ngân hàng**
탄 짜 응어인 항 **청원 경찰**

☐ **tiền giấy**
띠엔 저이 **지폐**

☐ **tiền xu**
띠엔 수 **동전**

☐ **khoản tiền**
콴 띠엔 **금액**

☐ **chi phiếu** 지 피에우 **수표**
Ghi cho tôi một chi phiếu.
기 저 또이 못 지 피에우.
수표 한 장으로 만들어 주세요.

☐ **thẻ tín dụng** 테 띤 중 **신용 카드**
Tôi làm mất thẻ tín dụng.
또이 람 멋 테 띤 중.
신용 카드를 분실했어요.

☐ **tài khoản**
따이 콴 (예금) **통장**

☐ **máy rút tiền tự động / ATM**
마이 룻 띠엔 뜨 동 / 아띠엠 **현금 자동 입출금기, ATM**

- cửa (số ~) 그어 (소~) 업무 창구 (~번)
- rút nạp tiền 룻 납 띠엔 출납
- khách hàng 카익 항 고객
- tiết kiệm 띠엣 기엠 저금, 예금
- khoản nợ 콴 너 대출금
- chuyển khoản / thanh toán điện tử
  취엔 콴 / 타잉 또안 디엔 뜨 계좌 이체
- phí ngân hàng 피 응어인 항 은행 수수료
- số tài khoản 소 따이 콴 계좌 번호
- mã số bí mật 마 소 비 멋 비밀 번호
- kí tên 기 뗀 서명하다, 사인하다
- thẻ rút tiền 테 룻 띠엔 직불 카드
- lỗ thẻ 로 테 카드 삽입구
- thông báo nộp tiền hàng tháng
  통 바오 놉 띠엔 항 탕 매월 납부 통지서
- nộp tiền 놉 띠엔 납부하다

A: Xin lỗi, gần đây có ngân hàng nào không ạ?
신 로이, 건 더이 거 응어인 항 나오 콩 아?
저, 이 근처에 은행이 있나요?

B: Ngay cạnh tòa nhà to kia có đấy.
응아이 가잉 또아 냐 떠 기어 거 데이.
저기 큰 빌딩 바로 옆에 있어요.

A: Cám ơn.
깜 언.
고마워요.

THỨC ĂN NHANH 특안 나인 패스트푸드

□ **khoai tây chiên**
콰이 떠이 지엔 **감자튀김, 프렌치프라이**

□ **đô-nắt / bánh vòng**
도-넛 / 바잉 봉 **도넛**

□ **gà chiên** 가 지엔 **프라이드치킨**
Gà chiên ở đây rất ngon.
가 지엔 어 더이 럿 응언.
이 집 프라이드치킨 참 맛있어.

□ **hăm-bơ-gơ**
함-버-거 **햄버거**

□ **ống hút** 옹 훗 **빨대**

□ **cô-la** 골-라 **콜라**

□ **xúc xích** 숙 식 **핫도그**

□ **xăng-uých** 쌍-우익 **샌드위치**
Tôi thích xăng-uých thịt nguội.
또이 틱 쌍-우익 팃 응우이.
나는 햄에그 샌드위치가 좋아요.

- □ **xờ-nách** 스-낵 스낵, 분식

- □ **đồ ăn vặt** 도 안 밧 간식(거리)

- □ **pi-za** 피-자 피자

- □ **bánh kẹp** 바잉 껩 토스트

- □ **đồ uống** 도 우엉 음료

- □ **sữa lắc** 스어 락 밀크셰이크

- □ **kem** 껨 아이스크림

- □ **vị** 비 맛

- □ **ngọt** 응엇 달콤하다

- □ **ngon** 응언 맛있다

- □ **khay** 카이 쟁반

A: **Anh chị dùng gì ạ?**
아인 치 중 지 아?
무엇을 드릴까요?

B: **Cho chúng tôi 2 set hăm-bơ-gơ pho mát.**
저 충 또이 하이 셋 함-버-거 퍼 맛.
치즈버거 세트 두 개 주세요.

A: **Anh chị dùng ở đây hay gói mang đi ạ?**
아인 치 중 어 더이 하이 거이 망 디 아?
여기서 드실 건가요. 아니면 포장해 가시겠어요?

B: **Chúng tôi ăn ở đây.**
충 또이 안 어 더이.
먹고 갈 거예요.

NHÀ HÀNG 냐 항 레스토랑

☐ **bò bit-tết** 버 비-텟 스테이크

☐ **sa-lát** 살-랏 샐러드

☐ **xờ-pa-ghét-ti / mì Ý**

스파게티 / 미 이 스파게티

Trưa nay ăn mì Ý đi.

쯔어 나이 안 미 이 디.
오늘 점심으로 스파게티 어때?

☐ **súp** 숩 수프

Thèm bát súp rau nóng
quá.

템 밧 숩 라우 농 꽈.
따뜻한 야채 수프가 먹고 싶어.

☐ **cơm cà-ri** 껌 가-리 카레라이스

Em tôi không thích món cơm
cà-ri.

엠 또 콩 틱 먼 껌 가-리.
내 동생은 카레라이스를 싫어한다.

☐ **hải sản** 하이 산 해산물 요리

Việt Nam có rất nhiều đồ
hải sản.

비엣 남 거 럿 니에우 도 하이 산.
베트남에는 해산물 요리가 많다.

관련 단어

- **món ăn** 먼안 요리
- **gọi món** 거이 먼 요리를 주문하다
- **thực đơn cho trẻ** 특 던 저 쩨 어린이 메뉴
- **món khai vị** 먼 카이 비 애피타이저
- **tráng miệng** 짱 미엥 디저트

- **thịt nướng** 팃 느엉 바비큐
- **thịt bọc bột rán** 팃 복 봇 란 포크커틀릿, 돈가스
- **cơm trứng cuộn** 껌 쯩 구언 오므라이스
- **tôm bể** 똠 베 바닷가재

- **chín kĩ** 진 기 웰던, 잘 익힌
- **chín vừa** 진 브어 미디엄, 중간 정도로 익힌
- **chín tới** 진 떠이 레어, 살짝만 익힌

- **khăn giấy** 칸 저이 냅킨
- **hóa đơn** 화 던 계산서

A: **Anh chị gọi gì ạ?**
아인 치 거이 지 아?
주문하시겠어요?

B: **Cho chúng tôi 2 suất bò bit-tết.**
저 충 또이 하이 수어잇 버 비-텟.
스테이크 2인분 주세요.

A: **Anh chị dùng chín kĩ, vừa hay chín tới ạ?**
아인 치 중 진 기, 브어 하이 진 떠이 아?
스테이크는 어떻게 해드릴까요?

B: **Cho chúng tôi chín vừa nhé.**
저 충 또이 진 브엉 내.
미디엄으로 해주세요.

MÓN ĂN VIỆT NAM
먼 안 비엣 남 **베트남 요리**

☐ **phở** 포 **쌀국수**

☐ **lẩu** 러우 **러우** (베트남식 샤브샤브)

☐ **màn thầu** 만 터우 **만두**

☐ **nem cuốn** 냄 구언 **월남쌈**

☐ **cơm** 껌 **밥**

☐ **bánh mì** 바잉 미 **빵**
(바게트 빵과 비슷한 겉이 딱딱한
빵. cơm과 같이 주식으로 먹음.)

☐ **đậu xốt Tứ Xuyên**
더우 솟 뜨 수이엔 **마파두부**

관련 단어

- **canh chua** 가잉 쭈어 매운탕

- **ốc xào** 옥 사오 달팽이볶음 (주로 가지나 바나나를 같이 넣고 볶는다.)

- **chân giò luộc** 처인 저 루억 돼지 족발

- **bún chả** 분 짜 분짜 (구운 돼지고기, 튀긴 월남쌈, 채소, 파파야 등을 같이 넣은 새콤달콤한 육수에 쌀국수를 적셔 먹는 시원한 요리. 한국의 물냉면과 비슷하다.)

- **bánh chưng** 바잉 쯩 반쯩 (찹쌀에 돼지고기와 녹두를 넣고 바나나 잎으로 싸서 삶은 사각 케이크 모양의 떡. 베트남 설날에 먹는 음식)

- **thịt đông** 팃 동 팃동 (소고기를 제외한 모든 육류에 각종 재료를 넣고 오래 끓인 다음 굳혀서 먹는 요리. 주로 겨울에 먹는다.)

- **bánh bao** 바잉 바오 찐빵

- **cơm rang** 껌 랑 볶음밥

- **phở xào** 포 사오 볶음면

- **cá kho** 가 커 생선조림

- **đồ ăn nhẹ** 도 안 내 간식

A: **Mình ăn gì đây?**
밍 안 지 더이?
우리 뭐 먹을까?

B: **Xem nào, ăn phở nhé?**
셈 나오, 안 포 내?
글쎄, 쌀국수나 먹을까?

A: **Suốt ngày ăn phở à?**
수엇 응아이 안 포 아?
맨날 그것만 먹니?

B: **Thế em biết món gì thì gọi đi.**
테 엠 비엣 먼 지 티 거이 디.
뭐 아는 게 있어야지. 그럼 네가 주문해 봐.

QUÁN RƯỢU 꽌 르어우 술집

□ **người pha rượu**

응어이 파 르어우 **바텐더**

□ **cốc-tai** 곡-따이 **칵테일**

Cốc-tai không phải món của tôi.

곡-따이 콩 파이 먼 구어 또이.
칵테일은 내 취향에 맞지 않는다.

□ **bình đá** 빙 다 **온더록스**

□ **rượu vang** 르어우 방 **와인**

Rượu vang là thứ rượu ngấm dần.

르어우 방 라 트 르어우 응엄 전.
와인은 은근히 독한 술이다.

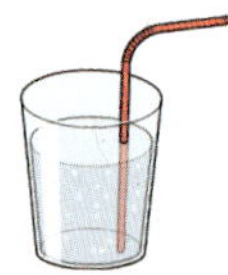

□ **sô-đa** 소-다 **소다수**

□ **đồ nhắm** 도 냠 **안주**

□ **bia tươi** 비어 뜨어이 **생맥주**

Mùa hè nóng chỉ có bia tươi là nhất.

무어 해 농 지 거 비어 뜨어이 라 녀잇.
더운 여름엔 역시 생맥주야.

관련 단어

- **Uýt-ki** 윗-기 위스키
- **Rum** 룸 럼
- **Vôt-ka** 봇-카 보드카
- **Jin** 진 진
- **Jin tonic** 진 떠닉 진토닉
- **bia** 비어 맥주
- **sâm-banh** 섬-바잉 샴페인

- **say** 사이 취하다
- **cạn ly** 간 리 건배

A: **Mình uống hơi nhiều rồi đấy.**
밍 우엉 허이 니에우 로이 데이.
우리 너무 많이 마신 거 같아.

B: **Nhiều gì, thêm cốc bia nữa đi.**
니에우 지, 템 곡 비어 느엉 디.
아니야, 맥주 한잔만 더 마시고 가자.

A: **Gì, say rồi nói lung tung đấy.**
지, 사이 로이 너이 룽 뚱 데이.
무슨 소리야. 벌써 취해서 비틀거리면서.

109

KHÁCH SẠN 카익 산 호텔

☐ **nhà chính** 냐 징 **본관**

☐ **nhà bên** 냐 벤 **별관**

☐ **sảnh** 사잉 **로비**

Nhanh lên. Tớ đang đợi cậu ở sảnh dưới đây.
냐인 렌. 떠 당 더이 거우 어 사잉 즈어이 더이.
빨리 와. 나 지금 로비에서 기다리고 있어.

☐ **check-in / lấy phòng**
책-인 / 러이 퐁 **체크인**

☐ **check-out / trả phòng**
책-아우드 / 짜 퐁 **체크아웃**

Tôi muốn trả phòng.
또이 무언 짜 퐁.
지금 체크아웃하려고 하는데요.

☐ **quầy tiếp tân**
구어이 띠엡 떤 **프런트 데스크**

A lô, quầy tiếp tân phải không ạ?
알로, 구어이 띠엡 떤 파이 콩 아?
여보세요. 거기 프런트 데스크죠?

□ **phòng đơn** 퐁 던 싱글룸

□ **phòng đôi** 퐁 도이 트윈룸

□ **típ / boa** 띱/봐 팁

Cảm ơn, đây là típ cho anh.
깜 언, 더이 라 띱 저 아인.
고마워요. 이건 팁이에요.

□ **nam phục vụ**
남 푹 부 남종업원

□ **nữ phục vụ**
느 푹 부 여종업원

□ **dịch vụ đánh thức buổi sáng**
직 부 다잉 특 부어이 상 모닝콜 서비스

Ngày mai nhờ cô đánh thức tôi lúc 6h sáng nhé.
응아이 마이 녀 고 다잉 특 또이 룩 사우 저 상 내.
내일 아침 여섯 시에 모닝콜 서비스 부탁합니다.

관련 단어

- **cấp 5 / cấp đặc biệt** 껍 남 / 껍 닥 비엣 오성급의, 특급의

- **phòng chứa đồ** 퐁 즈어 도 물품 보관소
- **quầy thanh toán** 구어이 타잉 또안 계산대
- **phòng làm việc** 퐁 람 비엑 의무실
- **thang máy** 탕 마이 엘리베이터
- **hành lang** 하잉 랑 복도

- **đặt phòng** 닷 퐁 (방을) 예약하다

- **phòng trống** 퐁 쫑 빈방

- **đổi tiền** 도이 띠엔 환전
- **dịch vụ trông trẻ** 직 부 쫑 쩨 유아 돌봐드림

- **miễn tiếp khách** 미엔 띠엡 카익 방문 사절 (문 밖에 걸어놓음)
- **cấm ra vào** 껌 라 바오 관계자 외 출입 금지
- **đang dọn phòng** 당 전 퐁 방 청소 중

112

하롱베이(Vịnh Hạ Long)는 베트남 북부, 꽝닌 성 통킹만 북서부에 있는 만(灣)이다. 1994년 유네스코가 세계자연유산으로 지정한 후 베트남 최고의 관광지로 급부상한 하롱베이는, 세계의 유수한 자연 유산 중에서도 가장 효과적으로 자연 유산을 활용하고 있는 도시로 평가받고 있다.

푸른 바다 위로 솟아 있는 크고 작은 3,000여 개의 기암괴석과 섬들은 태양의 위치에 따라 그 빛이 달라지고, 비나 안개에 의해서도 또한 색다른 정취가 있는 분위기를 자아낸다. 지질학적으로 볼 때 북쪽의 중국 계림에서부터 남쪽 닌빈까지는 광대한 석회암 지역인데, 이 석회암 지역이 풍화 작용에 의해 지금 하롱베이의 모습이 만들어진 것이다.

과거 중국이 베트남을 침공해 왔을 때, 용 가족이 적을 물리치고 입에서 토해낸 보석이 하롱 만의 섬들이 되었다는 전설이 전해지고 있다. 현재는 무인도지만, 약 7,000년 전의 신석기 시대에는 사람들이 살았다고 한다. 또한 수세기 전까지는 해적들의 은신처로, 몽골군의 침공 시에는 군사적으로 이용되기도 했었다.

A: Tôi muốn đặt phòng.
또이 무언 닷 퐁.
방을 예약하려고 하는데요.

B: Khi nào anh bắt đầu ở ạ?
키 나오 아인 밧 더우 어 아?
예, 언제 숙박하실 건가요?

A: Từ thứ 6 đến chủ nhật tuần này.
뜨 트 사우 덴 주 녀잇 뚜언 나이.
이번 주 금요일부터 일요일까지요.

A: Vâng, anh ở mấy người ạ?
벙, 아인 어 머이 응어이 아?
예, 몇 분이십니까?

B: 4 người. Tôi có thể đặt 2 phòng đôi được không?
본 응어이. 또이 거 테 닷 하이 퐁 도이 드억 콩?
네 명인데요. 트윈룸으로 두 개 예약 가능할까요?

113

TRƯỜNG HỌC 쯔엉 혹 학교

① ☐ **phòng học** 퐁혹 교실

② ☐ **giáo viên** 자오비엔 교사

③ ☐ **học sinh** 혹싱 학생

④ ☐ **bàn học** 반혹 책상

⑤ ☐ **ghế** 게 의자

⑥ ☐ **sách giáo khoa** 사익 자오 콰 교과서

⑦ ☐ **hộp bút** 홉붓 필통

⑧ ☐ **bút chì** 붓지 연필

⑨ ☐ **tẩy** 떠이 지우개

⑩ ☐ **bút chì màu** 붓지마우 색연필

⑪ ☐ **thước kẻ** 트윽게 자

⑫ ☐ **mô hình địa cầu** 모힝 디어 거우 지구본

⑬ ☐ **bảng tin** 방띤 게시판

관련 단어

□ **trường mẫu giáo** 쯔엉 머우 자오 유치원

□ **trướng tiểu học** 쯔엉 띠에우 혹 초등학교

□ **trường trung học** 쯔엉 중 혹 중학교

□ **trường phổ thông trung học** 쯔엉 포 통 중 혹 고등학교

□ **trường đại học** 쯔엉 다이 혹 대학교

□ **kí túc xá** 기 둑 사 기숙사

□ **thư viện** 트 비엔 도서관

□ **giảng đường** 장 드엉 강당

□ **sân vận động** 선 번 동 운동장

□ **nhà thể dục** 냐 테 죽 체육관

□ **hành lang** 하잉 랑 복도

□ **nhà vệ sinh** 냐 베 싱 화장실

□ **bài thi** 바이 티 시험

□ **kì thi** 기 티 시험 기간

□ **bài tập** 바이 떱 숙제

□ **giáo dục** 자오 죽 교육(하다)

□ **học hành** 혹 하잉 공부(하다)

□ **đến trường** 덴 쯔엉 등교하다

□ **về nhà** 베 냐 하교하다

□ **bạn cùng lớp** 반 궁 럽 급우, 반 친구

CÁC MÔN HỌC 각 문혹 과목

□ **lịch sử** 릭스 역사

Ông ấy đã xuất hiện trong sách giáo khoa lịch sử mà.

옹 에이 다 수엇 히엔 쫑 사익 자오 콰 릭 스 마.
그는 이미 역사 교과서에나 나오는 인물이잖아요.

□ **khoa học** 콰 혹 과학

Bài học môn khoa học hôm nay chúng ta sẽ quan sát rễ thực vật.

바이 혹 몬 콰 혹 홈 나이 충 따 세 관 삿 레 특 벗.
오늘 과학 수업은 식물 줄기 관찰입니다.

□ **mĩ thuật** 미 투엇 미술

Tôi rất thích môn mĩ thuật.

또 럿 틱 몬 미 투엇.
나는 미술 과목을 좋아한다.

□ **âm nhạc** 엄 냑 음악

□ **tiếng Anh** 띠엥 아인 영어

□ **hóa học** 화 혹 화학

□ **thể dục** 테 죽 체육

- sinh vật 싱 벗 생물
- toán học 또안 혹 수학
- triết học 찌엣 혹 철학
- quốc ngữ 구억 응으 국어
- xã hội 싸 호이 사회
- địa lý 디어 리 지리
- luận văn 루언 반 작문
- đạo đức 다오 득 도덕
- lịch sử thế giới 릭 스 테 저이 세계사

- kinh tế học 낑 떼 혹 경제학
- tâm lý học 떰 리 혹 심리학
- vật lý 벗 리 물리학

A: Hôm nay Jinsu được 100 điểm môn lịch sử thế giới đấy.
홈 나이 진수 드억 못 짬 디엠 몬 릭 스 테 저이 데이.
진수는 오늘 세계사 시험 백점 맞았대.

B: Thế á? Thế cậu mấy điểm?
테 아? 테 거우 머이 디엠?
그래? 넌 몇 점인데?

A: Nói ra thì xấu hổ lắm. Đừng hỏi nữa. Mai còn phải làm tốt bài thi môn toán nữa.
너이 라 티 서우 호 람. 등 허이 느어. 마이 건 파이 람 뜻 바이 티 몬 또안 느어.
말하기 창피하다. 묻지 마. 내일 수학 시험이나 잘 봐야지.

ĐỒN CẢNH SÁT 돈 가잉 삿 **경찰서**

□ **cảnh sát / công an**

가잉 삿 / 공 안 **경찰**

□ **súng** 숭 **권총**

□ **chứng cứ** 쯩 그 **증거**

Anh ấy đã được thả do thiếu chứng cứ.

아인 에이 다 드억 타 저 티에우 쯩 그.
그는 증거 불충분으로 풀려났다.

□ **bạo hành**

바오 하잉 **폭행**

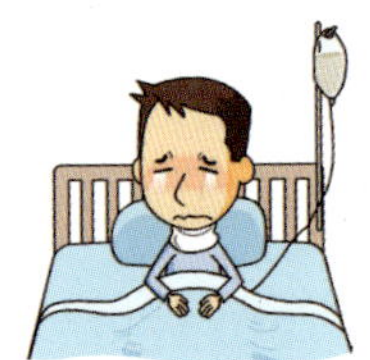

□ **người bị hại**

응어이 비 하이 **피해자**

□ **trộm** 쫌 **도둑**

Tên trộm đã bị bắt khi cố vượt tường.

땐 쫌 다 비 밧 키 고 브엇 뜨엉.
그 도둑은 담을 넘으려다가 잡혔다.

□ **bắt giữ** 밧 즈 **체포**

Tên tội phạm bắt cóc đã bị bắt giữ chỉ sau 1 ngày.

땐 또이 팜 밧 곡 다 비 밧 즈 지 사우 못 응아이.
유괴 사건의 범인은 하루 만에 체포되었다.

관련 단어

- **đồn** 돈 파출소
- **hình sự** 힝스 형사
- **còng số 8** 공소땀 수갑
- **nhân chứng** 녀인 쯩 목격자
- **bằng chứng ngoại phạm** 방 쯩 응와이 팜 알리바이
- **phạm nhân** 팜 녀인 범인
- **tội phạm** 또이 팜 범죄
- **giết người / sát nhân** 지엣 응어이 / 삿 녀인 살인하다
- **trộm** 쫌 훔치다
- **móc túi** 목 뚜이 소매치기
- **ăn cắp vặt** 안 갑 밧 좀도둑
- **cướp** 그업 강도
- **cướp của** 그업 구어 강간
- **bắt cóc** 밧 곡 유괴
- **lừa đảo** 르어 다오 사기
- **hối lộ** 호이 로 뇌물

A: Thấy bảo đã bắt được tội phạm vụ đó à?
테이 바오 다 밧 드억 또이 팜 부 더 아?
그 강도 사건의 범인은 잡혔대?

B: Đâu, không có nhân chứng, cũng không có dấu vết gì.
더우, 콩 거 녀인 쯩, 꿍 콩 거 저우 벳 지.
아직. 목격자도 없고, 아무런 단서도 찾지 못했대.

TÔN GIÁO 똔 자오 종교

□ **Phật giáo** 펏 자오 불교

□ **chùa** 쭈어 절

Bà tôi rất hay đi chùa lễ Phật.
바 또이 럿 하이 디 쭈어 레 펏.
할머니는 불공드리러 절에 자주 가신다.

□ **Cơ đốc giáo**

거 독 자오 천주교

Anh ấy là một tín đồ trung thành của Cơ đốc giáo.
아인 에이 라 못 띤 도 쭝 타잉 구어 거 독 자오.
그 사람 아주 독실한 천주교 신자야.

□ **Thiên chúa giáo**

티엔 쭈어 자오 기독교

□ **nhà thờ** 냐터 교회
□ **thánh đường** 타잉 드엉 성당

- **thánh thần** 타잉 턴 신
- **chúa Giê-su** 주어 제수 예수
- **đức Phật** 득 펏 부처

- **thiên đường** 티엔 드엉 천국
- **địa ngục** 디어 으욱 지옥
- **kinh thánh** 낑 타잉 성경
- **kinh Phật** 낑 펏 불경
- **tượng Phật** 뜨엉 펏 불상
- **lạy** 라이 예배(하다)
- **cầu nguyện** 거우 응우이엔 기도하다
- **lời cầu nguyện** 러이 거우 응우이엔 미사
- **cây thánh giá** 거이 타잉 자 십자가
- **thánh ca** 타잉 가 찬송가

- **mục sư** 묵 스 목사
- **thầy tu** 터이 뚜 신부
- **tu nữ** 뚜 느 수녀
- **tăng lữ** 땅 르 승려

- **đạo Hồi** 다오 호이 이슬람교
- **đạo Hinđu** 다오 힌두 힌두교
- **đạo Nho Đài** 다오 녀 다이 유대교

1 다음 그림과 단어를 연결해 보세요.

 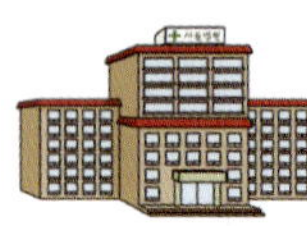  

·   ·   ·   ·

·   ·   ·   ·

bệnh viện   trường học   thư viện   rạp chiếu phim

2 다음 단어의 뜻을 써보세요.

a) bức thư __________   con tem __________

    bưu tá __________   bưu phẩm __________

b) bác sĩ __________   y tá __________

    bệnh nhân __________   dược sĩ __________

c) thuốc viên __________   thuốc mỡ __________

    cảm sốt __________   cảm cúm __________

    vết thương __________   mụn nước__________

3 다음 보기에서 단어를 골라 빈칸에 써넣어 보세요.

a) tiết kiệm   mã số bí mật   tiền giấy   kí tên
b) bánh vòng   hăm-bơ-gơ   gạt tàn   xúc xích

a) 지폐 ____________   저금 __________

    서명하다 ____________   비밀번호 ____________

b) 핫도그 _____________   도넛 _____________

   햄버거 _____________   쟁반 _____________

4 다음 그림과 단어를 연결해 보세요.

bò bit-tết   sa-lát   súp   cơm   hải sản

5 다음 단어를 베트남어 혹은 우리말로 고쳐 보세요.

   a) 맥주 _____________   칵테일 _____________

      rượu vang _____________   건배 _____________

   b) 로비 _____________   đặt trước _____________

      gọi báo thức _____________   팁 _____________

6 다음 보기에서 단어를 골라 빈칸에 써넣어 보세요.

a) thước kẻ   tẩy   bạn cùng lớp   sách giáo khoa
   ghế
b) khoa học   toán học   lịch sử   âm nhạc   sinh vật

a) 급우 _____________   자 _____________   지우개 _____________

의자 __________ 　　　 교과서 __________

b) 역사 __________ 　　　 과학 __________ 　　　 수학 __________

생물 __________ 　　　 음악 __________

7 다음 빈칸에 알맞은 베트남어를 써넣어 보세요.

a) 열이 있습니까?　Anh bị __________ à?

b) (예금) 통장을 만늘고 싶어요.　Tôi muốn mở __________.

c) 내가 주문할게. (식당에서)　Tôi sẽ __________.

d) 내가 가장 좋아하는 과목은 체육입니다.
__________ tôi thích nhất là __________.

정답

1 영화관 – rạp chiếu phim 　　 병원 – bệnh viện 　　 학교 – trường học
도서관 – thư viện

2 a) 편지　우표　집배원　소포
b) 의사　간호사　환자　약사
c) 알약　연고　독감　감기(에 걸리다)　상처　물집

3 a) tiền giấy　tiết kiệm　kí tên　mã số bí mật
b) xúc xích　bánh vòng　hăm-bơ-gơ　gạt tàn

4 수프 – súp 　　 샐러드 – sa-lát 　　 해산물 요리 – hải sản 　　 스테이크 – bò bit-tết
밥 – cơm

5 a) bia　cốc-tai　와인　cạn ly
b) sảnh　방을 예약하다　모닝콜 서비스　típ / boa

6 a) bạn cùng lớp　thước kẻ　tẩy　ghế　sách giáo khoa
b) lịch sử　khoa học　toán học　sinh vật　âm nhạc

7 a) sốt
b) tài khoản
c) gọi món
d) Môn học　thể dục

Theme 5

→ GIAO THÔNG 자오 통 교통

1 인간
2 가정
3 수
4 도시
5 교통
6 업무
7 쇼핑
8 스포츠·취미
9 자연

PHƯƠNG TIỆN 프엉 띠엔 **탈것**

□ tàu hỏa / xe lửa
따우 화 / 세 르어 **기차, 열차**

□ tàu siêu tốc
따우 시에우 똑 **고속 열차**

□ xe tải 세 따이 **트럭**

Chắc phải gọi xe tải thôi, nhiều đồ quá.
착 파이 거이 세 따이 토이, 니에우 도 꽈.
짐이 너무 많아서 트럭이 있어야 할 거 같아.

□ xe máy 세 마이 **오토바이**

□ tàu điện ngầm
따우 디엔 응엄 **지하철**

Đường tắc đấy, mình đi tàu điện ngầm thôi.
드엉 딱 데이, 밍 디 따우 디엔 응엄 토이.
길이 막히니 지하철 타고 가자.

□ xe mui trần 세 무이 쩐 **오픈카**

Oa, xe mui trần kia đẹp quá.
와, 세 무이 쩐 기어 뎁 꽈.
야! 저 오픈카 멋지다.

□ xe ôtô 세 오또 **자동차**

□ xe buýt 세 뷧 **버스**

☐ **xe đạp** 세 답 자전거

Cái xe đạp dựng trước nhà mất rồi.

가이 세 답 증 쯔억 냐 멋 로이.

집 앞에 세워둔 자전거가 없어졌다.

☐ **xe ga** 세 가 스쿠터

Đây là cái xe ga anh đã từng đi.

데이 라 가이 세 가 아인 다 등 디.

이 스쿠터는 형이 타던 것이다.

☐ **máy bay** 마이 바이 비행기

☐ **trực thăng** 쪽 탕 헬리콥터

☐ **máy bay loại nhỏ**

마이 바이 로아이 녀 경비행기

☐ **khinh khi cầu**

킹 키 거우 기구

☐ **tàu** 따우 배

Tàu này đi ra vịnh Hạ Long đấy.

따우 나이 디 라 빙 하 롱 데이.

이 배는 하롱베이로 갑니다.

☐ **thuyền buồm**

투이엔 부엄 요트

XE ĐẠP 세 답 자전거

① ☐ **tay lái** 따이 라이 핸들

② ☐ **tay phanh** 따이 파잉 브레이크 레버

③ ☐ **yên xe** 이엔 세 안장

④ ☐ **khung xe** 쿵 세 프레임

⑤ ☐ **đũa xe** 두어 세 바퀴살

⑥ ☐ **lốp xe / xăm xe** 롭 세 / 삼 세 타이어

⑦ ☐ **xích** 씩 체인

⑧ ☐ **bàn đạp / pê-đan** 반 답 / 페-단 페달

⑨ ☐ **trục bánh xe** 죽 바잉 세 바퀴축

⑩ ☐ **hộp số** 홉 소 기어(톱니바퀴)

⑪ ☐ **vành xe** 바잉 세 바퀴테(금속 부분)

관련 단어

☐ **bánh xe** 바잉 세 바퀴

☐ **lỗ bơm khí** 로 범 키 공기 주입구

☐ **lốp xe** 롭 세 튜브

☐ **xe địa hình** 세 디어 힝 산악용 자전거, MTB

☐ **đường xe đạp** 드엉 세 답 자전거 전용 도로

A: Xe tớ thủng xăm hay sao ấy. Thấy có khí thoát ra.
세 떠 통 삼 하이 사오 에이. 터이 거 키 투앗 라.
내 자전거 타이어가 펑크났나봐. 금세 바람이 빠지네.

B: Thế thì phải tìm hàng sửa xe thôi.
테 티 파이 띰 항 스어 세 토이.
그럼, 수리점에 가봐야겠다.

129

Unit 03

XE MÁY 세 마이 오토바이

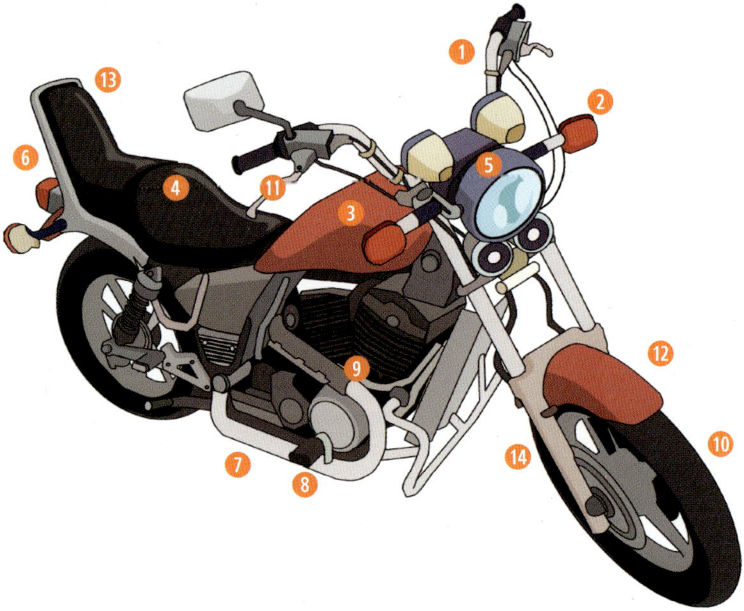

1 □ tay lái 따이 라이 핸들

2 □ gương chiếu hậu 그엉 지에우 허우 백미러

3 □ bình xăng 빙 상 연료 탱크

4 □ yên xe 이엔 세 안장

5 □ đèn trước 댄 쯔억 헤드라이트

6 ☐ **đèn hậu** 덴 허우 미등

7 ☐ **ống vent** 옹 벤 배기관

8 ☐ **bàn đạp** 반 답 페달

9 ☐ **động cơ** 동 거 엔진

10 ☐ **bánh xe** 바잉 세 타이어

11 ☐ **phanh** 파잉 브레이크

12 ☐ **chắn bùn** 잔 분 흙받이

13 ☐ **yên sau** 이엔 사우 뒷안장

14 ☐ **giảm sốc** 잠 속 완충 장치

관련 단어

☐ **mũ bảo hiểm** 무 바오 히엠 헬멧

☐ **thiết bị điều khiển** 티엣 비 디에우 키엔 제어 장치

dialogue
hội thoại

A: **Oa, đẹp quá. Xe mới à?**
와, 뎁 과. 세 머이 아?
야, 멋지다. 이 오토바이 새로 산 거야?

B: **Ừ, mới mua hôm qua đấy.**
으, 머이 무어 홈 과 데이.
응. 바로 어제 샀어.

A: **Tớ đi thử được không?**
떠 디 트 드억 콩?
나 한번 타보면 안 될까?

XE ÔTÔ 세 오또 **자동차**

1 □ **đèn trước** 덴 쯔억 헤드라이트

2 □ **đèn xi-nhan** 덴 시-냔 방향등

3 □ **bánh xe** 바잉 세 타이어

4 □ **đèn hậu** 덴 허우 미등

5 □ **gương hông** 그엉 홍 사이드미러

6 □ **mui xe** 무이 세 보닛

7 □ **kính trước** 낑 쯔억 앞유리

8 □ **cần gạt nước** 껀 갓 느억 와이퍼

9 □ **biển số xe** 비엔 소 세 번호판

10 □ **nắp xe** 납 세 트렁크

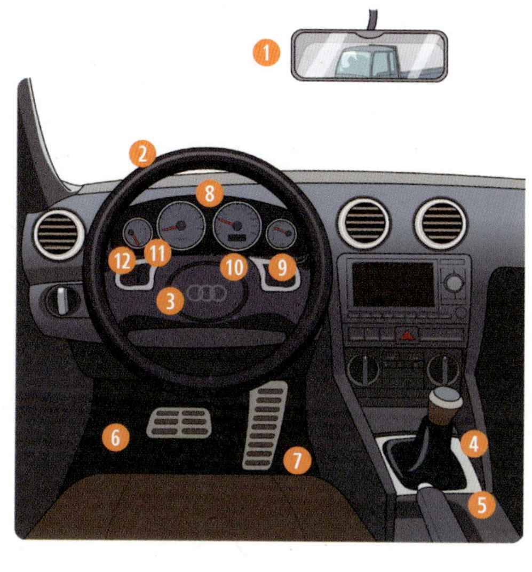

❶ ☐ **gương chiếu hậu** 그엉 지에우 허우 (차내) 백미러

❷ ☐ **tay lái / vô-lăng** 따이 라이 / 볼-랑 핸들, 운전대

❸ ☐ **còi** 거이 경적, 클랙슨

❹ ☐ **cần số** 건 소 기어, 변속 손잡이

❺ ☐ **phanh bên** 파잉 벤 사이드브레이크

❻ ☐ **phanh** 파잉 브레이크

❼ ☐ **chân ga** 처인 가 가속 페달

❽ ☐ **bảng điều khiển** 방 디에우 키엔 계기판

❾ ☐ **đèn báo nhiên liệu** 덴 바오 니엔 리에우 연료 표시등

❿ ☐ **đèn báo vận tốc** 덴 바오 번 똑 속도계

⓫ ☐ **đèn báo vận tốc xoay** 덴 바오 번 똑 수아이 회전 속도계

⓬ ☐ **nhật kí xe** 녀잇 기 세 주행 기록계

관련 단어

- **đèn tín hiệu** 덴 띤 히에우 비상등
- **ắc quy** 악 귀 배터리
- **túi khí** 뚜이 키 에어백
- **dây an toàn** 저이 안 또안 안전벨트
- **nổ lốp** 노 롭 (타이어가) 펑크 나다
- **nhiên liệu động cơ** 니엔 리에우 동 거 엔진 오일
- **trung tâm sửa chữa ô tô** 쭝 떰 스어 즈어 오 또 자동차 수리 센터

- **đỗ xe trái phép** 도 세 짜이 펩 주차 위반
- **thông báo vi phạm** 통 바오 비 팜 위반 통고장
- **xe kéo** 세 게우 견인차

- **trạm xăng** 짬 상 주유소
- **xăng** 상 휘발유
- **dầu nhẹ** 저우 내 경유

- **rửa xe** 르어 세 세차

- **đăng kí xe** 당 기 세 면허증

베트남에 살거나 여행을 하면서 쉽게 접할 수 있는 교통수단이 세옴이다.

세옴은 태울 수 있는 것과 실을 수 있는 것은 모두 태우고 실으며, 비가 오거나 날이 어두워도 아랑곳하지 않고 손님이 원하는 곳까지 비행기를 제외하고는 가장 빠르게 운송한다.

또한 이 세옴은 사람이 있는 곳이면 어디에든 있다. 그냥 자신의 오토바이를 타고 가다가, 길가에 서 있는 사람이 보이면 "세옴?" 하고 묻는다. 그래서 그 사람이 오토바이에 타게 되면 그때부터 그것이 바로 세옴이 되는 것이다.

자가용이자 가족의 나들이용 수단이면서 집안 식구를 먹여 살리는 도구가 되기도 하는 오토바이, 베트남에서 오토바이는 정말 대단한 존재다.

A: **Anh kiểm tra xe hộ tôi với.**
아인 기엠 짜 세 호 또이 버이.
차 좀 점검해 주세요.

B: **Có vấn đề gì ạ?**
거 번 데 지 아?
어떤 문제가 있나요?

A: **Cần số không ăn và có tiếng động phát ra ở động cơ.**
껀 소 콩 안 바 거 띠엥 동 팟 라 어 동 거.
기어 변속이 잘 안 되네요. 또 엔진에서 이상한 소리가 나는 거 같고요.

- -

A: **Có một trạm sửa xe ở gần đây cơ mà.**
거 못 짬 스어 세 어 건 더이 거 마.
이 근처에 자동차 수리 센터가 있었는데.

B: **Sao thế?**
사오 테?
왜요?

B: **Tớ định thay dầu.**
떠 딩 타이 저우.
엔진 오일 좀 교환하려고.

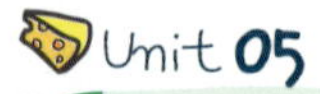

ĐƯỜNG 드엉 도로

① ☐ **làn 1** 란 못 1차선

② ☐ **làn 2** 란 하이 2차선

③ ☐ **làn 3** 란 바 3차선

☐ **rào chắn**
라오 찬 가드레일

☐ **trạm thu phí**
짬 두 피 톨게이트

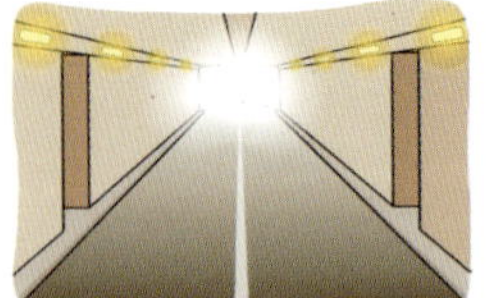

☐ **đường hầm**
드엉 험 지하도

☐ **đường vượt trên cao**
드엉 브엇 쩬 가오 고가 도로

□ **đường một chiều**
드엉 못 지에우 일방통행로

□ **đường đất**
드엉 덧 비포장 도로

□ **ngõ** 응어 골목

Rẽ vào ngõ này là nhà tôi rồi.
래 바오 응어 나이 라 냐 또이 로이.
이 골목으로 들어가면 바로 우리 집이야.

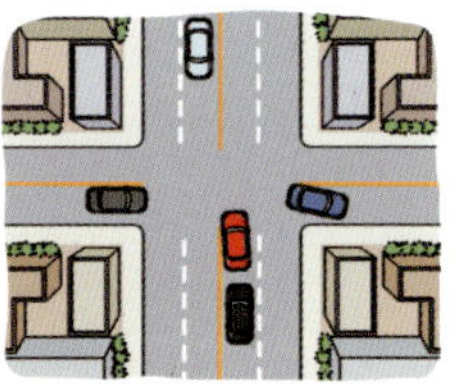

□ **ngã tư** 응아 뜨 교차로, 사거리

Hình như có tai nạn ở ngã tư.
힝 느 거 따이 난 어 응아 뜨.
교차로에서 사고가 난 것 같다.

□ **vạch sang đường**
바익 상 드엉 횡단보도

□ **vỉa hè** 비어 헤 인도, 보도

137

□ **trạm xe buýt**

짬 세 빗 **버스 성류소**

Gặp nhau lúc 2h ở trạm xe buýt nhé.

갑 냐우 룩 하이 저 어 짬 세 빗 내.
우리 두 시에 버스 정류소에서 만나.

□ **bãi đỗ xe** 바이 도 세 **주차징**

Bãi đỗ xe chật lắm rồi, không vào được.

바이 도 세 젓 람 로이, 콩 바오 드억.
주차장이 꽉 차서, 들어갈 수 없었다.

□ **biển chỉ đường**

비엔 지 드엉 **도로 표지**

□ **đèn (giao thông)**

덴 (자오 통) **신호등**

Chờ chút, chờ đèn rồi mới sang chứ.

저 줏, 저 덴 로이 머이 상 즈.
좀 기다려. 신호등이 켜지면 건너야지.

□ **đèn đường**

덴 드엉 **가로등**

Đèn đường bị hỏng nên xung quanh đây tối quá.

덴 드엉 비 홍 넨 숭 고안 더이 또이 과.
가로등이 고장나서 주변이 어둡다.

관련 단어

- **khu trung tâm** 쿠 쭝 떰 번화가
- **đường lớn** 드엉 런 큰길
- **đường vòng** 드엉 봉 우회 도로
- **dải phân cách giữa đường** 자이 펀 가익 즈어 드엉 중앙 분리대

- **lái xe** 라이 세 운전하다
- **rẽ trái** 레 짜이 좌회전
- **rẽ phải** 레 파이 우회전
- **tai nạn giao thông** 따이 난 자오 통 교통사고
- **ách tắc giao thông** 아익 딱 자오 통 교통체증
- **cấm thông hành** 검 통 하잉 통행금지
- **tốc độ giới hạn** 똑 도 저이 한 제한 속도
- **nguy hiểm** 응위 히엠 위험
- **phương hướng** 프엉 흐엉 방향

A: Khu trung tâm ở ngay khoảng này mà...
쿠 쭝 떰 어 응아이 쾅 나이 마...
이쯤에서 번화가가 나올 것 같은데….

B: Đằng kia có biển báo kìa. Đi qua đèn đỏ rồi rẽ phải ở con đường lớn là đến.
당 기어 거 비엔 바오 기어. 디 과 덴 더 로이 레 파이 어 건 드엉 런 라 덴.
저기 도로 표지가 있어. 신호등 지나 다음 큰길에서 우회전하면 되겠다.

A: Nhưng đường ở đây tắc kinh thật.
능 드엉 어 데이 딱 깅 텃.
그런데 여긴 정말 교통 체증이 심하구나.

TÀU HỎA 따우 화 기차

□ **nhà ga** 냐가 **기차역**

Nhà ga chật kín người.
냐 가 젓 긴 응어이.
기차역은 많은 사람들로 북적대고 있었다.

□ **toa khách** 똬 카익 **객실**

□ **ghế ngồi** 게 응오이 **좌석**

Nếu được cho tôi ghế cạnh cửa sổ ạ.
네우 드억 저 또이 게 가잉 그어 소 아.
가능하면 창가 쪽 좌석으로 주세요.

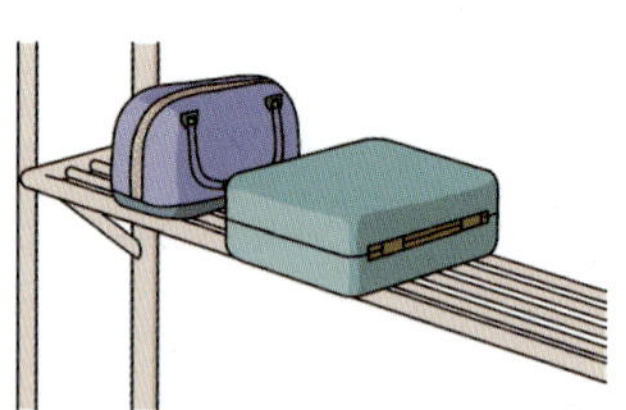

□ **giá để đồ**
자 데 도 **수화물 선반**

□ **toa giường tầng**
똬 즈엉 떵 **침대차**

NHÀ GA 냐가 기차역

□ **sảnh chờ** 사잉 저 **대합실**

Có một bà cụ đang ngủ gật trong sảnh chờ.

거 못 바 구 당 응우 것 쫑 사잉 저.
대합실에서 할머니 한 분이 졸고 계신다.

□ **máy bán vé**
마이 반 베 **승차권 판매기**

□ **quầy hướng dẫn**
구오이 흐엉 전 **안내소**

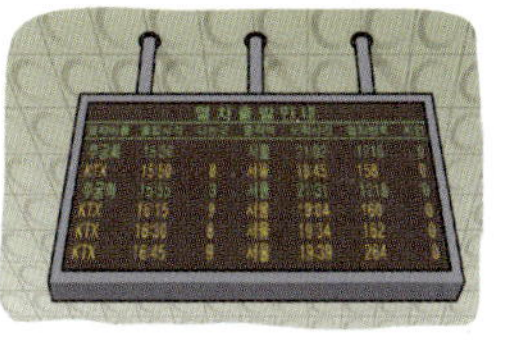

□ **bảng giờ tàu**
방 저 따우 **기차 시간표**

□ **bản đồ các tuyến**
반 도 각 뛰엔 **노선도**

□ **lối vào** 로이 바오 **입구**

□ **nhân viên kiểm vé**
녀인 비엔 기엠 베 **검표원**

관련 단어

- **đường sắt** 드엉 삿 철도
- **đường xe lửa** 드엉 세 르어 선로
- **tàu nhanh** 따우 냐인 급행열차
- **toa ăn** 똬 안 식당차
- **quầy bán vé** 구오이 반 베 승차권 판매소
- **phí giao thông** 피 자오 통 교통비
- **vé một chiều** 베 못 지에우 편도 티켓
- **vé khứ hồi** 베 크 호이 왕복 티켓
- **cửa soát vé** 그어 소앗 베 개찰구
- **nhân viên trên tàu** 녀인 비엔 쩬 따우 열차 승무원
- **trưởng ga** 즈엉 가 역장
- **phòng bảo quản đồ thất lạc**
  퐁 바오 관 도 텃 락 분실물 센터
- **phòng vệ sinh** 퐁 베 싱 화장실
- **cửa ra** 그어 라 출구
- **trạm cuối** 짬 구어이 종착역

A: Xem giờ tàu của chúng ta nào.
셈 저 따우 구어 충 따 나오.
우리 기차 시간표 좀 보자.

B: Để tớ qua quầy hướng dẫn hỏi cho.
데 떠 꽈 구어이 흐엉 전 허이 저.
그냥 내가 안내소에 가서 물어볼게.

디엔비엔푸 Điện Biên Phủ
1954년 베트남과 프랑스 간의 전쟁 때 베트남이 기적적인 승리를 이룬 곳. 디엔 비엔 푸 전투는 인류 역사상 최대의 불가사의한 전투라고 한다.

사파 Sa Pa
베트남에서 가장 고도가 높은 고원 지대. 다양한 소수 민족이 살고 있으며, 베트남 최고의 풍경을 지니고 있다.

하롱베이 Vịnh Hạ Long
3,000여 개의 섬과 기암괴석으로 이루어진 베트남 최대의 관광지.

하노이 Hà Nội
현 베트남의 수도.

호아빈 Hòa Bình
강 연안에 위치한 고원 지대이며 쌀 및 임산물 교역의 중심지이다.

하이퐁 Hải Phòng
베트남 북부 최대의 항구 도시이며, 베트남 전체에서 세 번째로 크다.

닌빈 Ninh Bình
닌빈의 호아루 지역은 10세기 베트남 봉건왕족의 첫 도읍지였다. 고대 왕궁터에는 사원 등 유적들이 비교적 원형 그대로 보존되어 있다.

호이안 Hội An
한때 번성했던 동서양의 문화가 어우러진 무역항이었다. 1999년 유네스코 세계 문화유산으로 선정되었다.

후에 Huế
유네스코 세계문화유산으로 지정된 역사 도시. 베트남의 마지막 왕조 응우옌의 왕궁을 비롯해 왕의 무덤과 사원들이 있다.

퀴논 Qui Nhơn
베트남전쟁 때 한국군 맹호부대의 주둔지.

다낭 Đà Nẵng
베트남 중부 저지대의 주요 항구 도시.

냐짱 Nha Trang
과거 아시아 해상 교역의 요지. 베트남전쟁 중에는 군사 기지였다. 현재는 어업과 관광업이 발달한 대표적 휴양 도시이다.

꾸찌 Củ Chi
베트남이 프랑스 식민지에 대항해 만들기 시작한 꾸찌 터널로 유명하다. 400km가 넘는 이 지하 터널은 베트콩들의 은거지였다.

달랏 Thành phố Đà Lạt
일년 내내 시원하고 청명한 관광 고원 도시. 장미, 백합, 동백 등이 서식하기에 적당하여 사계절 꽃이 핀다.

호치민 Thành phố Hồ Chí Minh
베트남 경제의 중심 도시. 1945년 베트남 민주공화국의 성립과 더불어 대통령에 취임한 호치민의 이름이 도시명이 되었다. 옛 이름은 사이공.

판티엣 Phan Thiết
리조트와 골프장으로 유명한 휴양 도시.

푸구억 Phú Quốc
베트남에서 제일 큰 규모의 섬. 생선으로 만드는 베트남 간장의 주 생산지이자 진주 양식의 본산지.

붕따우 Vũng Tàu
베트남전쟁 당시 한국군 및 각국 병사의 휴양소가 있던 도시. 현재 베트남 원유 생산의 중심지.

CẢNG BIỂN 강 비엔 **항구**

1. ☐ **mỏ neo** 머 네우 **닻**

2. ☐ **ra-đa** 라-다 **레이더**

3. ☐ **đầu tàu / mũi tàu** 더우 따우 / 무이 따우 **뱃머리**

4. ☐ **boong tàu** 벙 따우 **갑판**

5. ☐ **phòng** 퐁 **선실**

6. ☐ **thân tàu** 턴 따우 **선체**

7. ☐ **đuôi tàu** 두오이 따우 **고물, 선미**

8 ☐ **boong sau** 벙 사우 뒷갑판

9 ☐ **khoang hành khách** 쾅 하잉 카익 여객선

10 ☐ **cầu tàu** 거우 따우 부두

11 ☐ **đèn biển / hải đăng** 덴 비엔 / 하이 당 등대

12 ☐ **đê chắn sóng** 데 잔 송 방파제

13 ☐ **hàng hóa** 항 화 화물

14 ☐ **biển** 비엔 바다

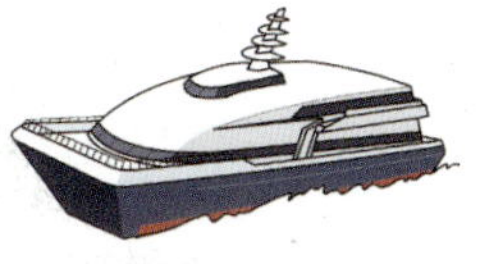

☐ **tàu** 따우 배

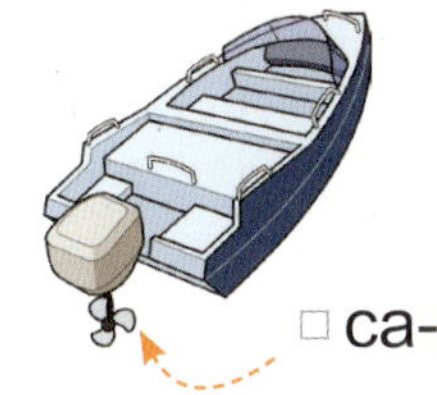

☐ **ca-nô** 가 노 프로펠러

☐ **xuồng hơi** 수옹 허이 구명보트

☐ **mái chèo** 마이 제우 노

관련 단어

☐ **dây neo** 저이 네우 닻줄

☐ **khoang máy** 쾅 마이 기관실

☐ **bánh lái** 바잉 라이 키, 방향키

☐ **tàu du lịch** 따우 줄 릭 유람선

☐ **tàu đánh cá** 따우 다잉 가 어선

☐ **tàu chở hàng** 따우 저 항 화물선

☐ **hải quân** 하이 구언 해안 경비대

MÁY BAY 마이 바이 **비행기**

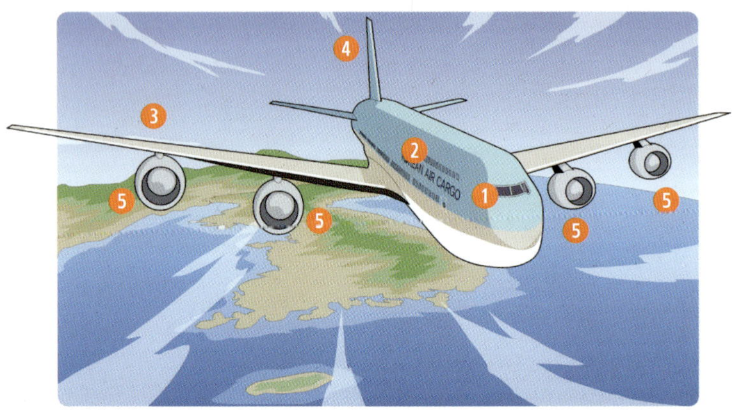

① ☐ **khoang lái** 쾅 라이 **조종실**

② ☐ **khoang hành khách** 쾅 하잉 카익 **객실**

③ ☐ **cánh** 가잉 **날개**

④ ☐ **đuôi cánh** 두오이 가잉 **꼬리날개**

⑤ ☐ **động cơ** 동 거 **엔진**

☐ **phòng vệ sinh** 퐁 베 싱 **화장실**

☐ **trống** 쫑 **비어 있음**

☐ **đang sử dụng** 당 스 중 **사용 중**

- ☐ **cửa thoát hiểm** 그어 토앗 히엠 비상구
- ☐ **lối đi** 로이 디 통로
- ☐ **cất cánh** 것 가잉 이륙하다
- ☐ **hạ cánh** 하 가잉 착륙하다
- ☐ **điểm đến** 디엠 덴 목적지
- ☐ **cao độ** 가오 도 고도
- ☐ **lệch thời gian** 렉 터이 잔 시차
- ☐ **ghế hạng nhất** 게 항 녀잇 일등석, 퍼스트클래스
- ☐ **ghế hạng thương gia** 게 항 트엉 자 비즈니스석
- ☐ **ghế thường** 게 트엉 일반석, 이코노미석
- ☐ **tiếp viên hàng không** 띠엡 비엔 항 콩 여승무원

A: Cuối cùng máy bay cũng cất cánh rồi. Mình mong chờ chuyến đi lắm.
구어이 궁 마이 바이 궁 것 가잉 로이. 밍 몽 저 쭤엔 디 람.
드디어 비행기가 이륙하려나 봐. 정말 이 여행 기대된다.

B: Mình cũng thế. Nhưng ngồi 12 tiếng ở chỗ bé tí này thì...
밍 궁 테. 능 응오이 므어이 하이 띠엥 어 조 베 띠 나이 티...
나도 그래. 하지만 이 좁은 일반석에서 열두 시간이나 앉아 있어야 한다니….

A: Mình thấy thế này cũng được rồi.
밍 터이 테 나이 궁 드억 로이.
이것만 해도 난 감지덕지다.

147

SÂN BAY 선 바이 공항

□ **máy bay chở khách**
마이 바이 저 카익 **여객기**

□ **vé lên máy bay**
베 렌 마이 바이 **탑승권**

□ **hộ chiếu** 호 지에우 **여권**

Chuẩn bị đủ hộ chiếu và vé máy bay chưa?
주언 비 두 호 지에우 바 베 마이 바이 즈어?
너 여권이랑 탑승권 잘 챙겼지?

□ **quầy làm thủ tục**
구오이 람 투 둑 **탑승 수속 카운터**

□ **xe đẩy hành lý**
세 더이 하잉 리 **카트**

□ **cửa ra máy bay**
그어 라 마이 바이 **탑승구**

□ **phòng chờ sân bay**
퐁 저 선 바이 **공항 대합실**

□ **đường băng**
드엉 방 활주로

□ **tháp điều hành**
탑 디에우 하잉 관제탑

□ **thang hành lý** 탕 하잉 리 수화물 컨베이어

관련 단어

□ **khoang để đồ xách tay** 쾅 데 도 사익 따이 기내 휴대 수화물

□ **nơi nhận hàng** 너이 녀언 항 수화물 취급소

□ **kiểm soát** 기엠 소앗 검사

□ **máy phát hiện kim loại** 마이 팟 히엔 김 로아이 금속 탐지기

□ **quầy kiểm tra xuất nhập cảnh**
구오이 기엠 짜 수엇 녀읍 가잉 출입국 심사대

□ **thuế quan** 투에 관 세관

□ **kiểm dịch** 기엠 직 검역

□ **tàu bay nội địa** 따우 바이 노이 디어 국내선

- **tàu bay quốc tế** 따우 바이 고억 떼 국제선
- **quầy hàng miễn thuế** 구오이 항 미엔 투에 면세점
- **vi-sa / thị thực** 비-사/티 특 비자, 사증
- **số chuyến bay** 소 쮀엔 바이 항공편 번호
- **đường lên máy bay** 드엉 렌 마이 바이 (탑승용) 통로
- **đến nơi** 덴 너이 도착하다
- **hướng dẫn** 흐엉 전 안내
- **quầy đặt trước** 구오이 닷 쯔억 예약 카운터
- **biển báo xuất phát[đến nơi]**
  비엠 바오 수엇 팟[덴 너이] 출발[도착] 표시 화면

A: **Xin lỗi. Tôi không tìm được ghế ngồi.**
신 로이. 또이 콩 띰 드억 게 응오이.
실례합니다. 제 좌석을 찾을 수가 없네요.

B: **Quý khách cho xem vé ạ.**
귀 카익 저 셈 베 아.
탑승권을 보여주시겠습니까?

A: **Ghế thứ 6 cạnh lối đi ạ.**
게 트 사우 가인 로이 디 아.
통로 쪽 여섯 번째 좌석입니다.

1 다음 그림을 단어와 연결시키세요.

xe máy　　　tàu hỏa　　　tàu　　　xe mui trần　　máy bay

2 다음 단어의 뜻을 써보세요.

a) tay phanh ___________　　xích ___________

　　xe đạp ___________　　　yên xe ___________

b) bình xăng ___________　　bánh xe ___________

　　yên sau ___________　　　chắn bùn___________

c) đăng kí xe ___________　　cần gạt nước ___________

　　tay lái ___________　　　còi ___________

d) ngõ ___________　　　đường hầm ___________

　　nguy hiểm ___________　　ngã tư ___________

　　phương hướng ___________

3 다음 보기에서 단어를 골라 빈칸에 써넣어 보세요.

a) trạm cuối　　bảng giờ tàu　　phí giao thông
　　tàu nhanh　　đường sắt

b) mỏ neo　　thân tàu　　hàng hóa　　boong tàu　　cầu tàu

a) 교통비 _________   철도 _________   종착역 _________

기차 시간표 _________   급행열차 _________

b) 화물 _________   부두 _________   선체 _________

갑판 _________   닻 _________

4 다음 단어의 뜻을 써보세요.

cửa thoát hiểm _________   vé lên máy bay _________

đường băng _________   thuế quan _________

phòng vệ sinh _________   hạ cánh _________

5 다음 빈칸에 알맞은 베트남어를 써넣어 보세요.

a) 이 근처에 주차장이 있습니까? Gần đây có _________ nào không?

b) 면세점에 가볼까? Qua _________ đi?

c) 어디에서 버스를 갈아타야 할까요? Mình phải _________ ở đâu nhỉ?

1 기차 – tàu hỏa   비행기 – máy bay   오토바이 – xe máy   오픈카 – xe mui trần
배 – tàu

2 a) 브레이크 레버   체인   자전거   안장
b) 연료 탱크   타이어   뒷안장   흙받이
c) 면허증   와이퍼   핸들   클랙슨
d) 골목   지하도   위험   교차로   방향

3 a) phí giao thông   đường sắt   trạm cuối   bảng giờ tàu   tàu nhanh
b) hàng hóa   cầu tàu   thân tàu   boong tàu   mở neo

4 비상구   탑승권   활주로   세관   화장실   착륙하다

5 a) bãi đỗ xe   b) quầy hàng miễn thuế   c) đổi xe

Theme 6

→ CÔNG VIỆC 공 비엑 업무

1 인간
2 가정
3 수
4 도시
5 교통
6 업무
7 쇼핑
8 스포츠·취미
9 자연

NGHỀ NGHIỆP 응에 응이엡 **직업**

□ **tiếp viên hàng không**
띠엡 비엔 항 콩 **스튜어디스**

□ **cảnh sát / công an**
까잉 삿 / 꽁 안 **경찰관**

□ **vận động viên**
번 동 비엔 **운동선수**

□ **thợ làm bánh**
터 람 바잉 **제빵사**

□ **bác sĩ** 박 시 **의사**

□ **ca sĩ** 가 시 **가수**

Những ca khúc của ca sĩ ấy rất sôi động.
능 가 쿡 구어 가 시 에이 럿 소이 동.
저 가수의 노래는 정말 신나.

□ **đầu bếp** 더우 벱 **요리사**

Đầu bếp có hay nấu ăn ở nhà không nhỉ?
더우 벱 거 하이 너우 안 어 냐 콩 니?
요리사들은 집에서도 요리를 잘 할까요?

□ **giáo viên** 자오 비엔 교사

□ **luật sư** 루엇 스 변호사

Ông luật sư ấy nhiều của lắm.
옹 루엇 스 에이 니에우 구어 람.
그 변호사는 재산이 무척 많대.

□ **giáo sư** 자오 스 교수

Tiết học của giáo sư triết học
ấy rất chán.
띠엣 혹 구어 자오 스 찌엣 혹 에이 럿 잔.
철학 교수의 강의는 정말 지루했다.

□ **tài xế ta-xi**
따이 세 따-시 택시기사

□ **nghệ sĩ** 응에 시 연예인

Sao người ta hay tò mò về đời sống riêng
của các nghệ sĩ thế nhỉ?
사오 응어이 따 하이 떠 머 베 더이 송 리엥 구어 각 응에 시 테 니?
연예인의 사생활이 왜 그렇게 궁금할까요?

□ **quân nhân / bộ đội**
구언 녀인 / 보 도이 군인

□ **diễn viên** 지엔 비엔 탤런트

Chỉ cần có diễn viên kia thôi là
anh tớ thích lắm.
지 건 거 지엔 비엔 기어 토이 라 아인 떠 틱 람.
저 탤런트만 나오면 우리 오빠는 너무 좋아해.

☐ **thợ mộc** 터 목 **목수**

☐ **diễn viên** 지엔 비엔 **배우**

☐ **nông dân** 농 전 **농부**

Bố tôi là nông dân.
보 또이 라 농 전.
우리 아버지는 농부셔.

☐ **phiên dịch** 피엔 직 **통역사**

Phiên dịch là một chị trẻ mà xinh lắm.
피엔 직 라 못 치 쩨 마 싱 람.
통역사는 젊고 예쁜 여자였다.

☐ **đạo diễn phim**
다오 지엔 핌 **영화감독**

☐ **thợ làm vườn**
터 람 브언 **원예사**

□ **bưu tá**
브우 따 우편집배원

□ **nhân viên** 녀인 비엔
샐러리맨

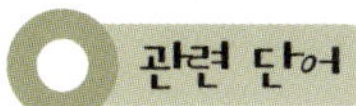

□ **nội trợ** 노이 쩌 가정주부

□ **kế toán** 게 또안 회계사

A: **Xin lỗi, anh làm nghề gì ạ?**
신 로이, 아인 람 응에 지 아?
실례지만, 어떤 일을 하세요?

B: **Tôi là đầu bếp.**
또이 라 더우 뱁.
전 요리삽니다.

A: **Thế ạ? Anh thường nấu món gì ạ?**
테 아? 아인 트엉 너우 먼 지 아?
아, 그러세요? 어떤 음식을 주로 만드세요?

B: **Tôi chuyên nấu các món ăn Ý.**
또이 쮀엔 너우 각 먼 안 이.
이태리 요리를 전문으로 만들지요.

CHỨC VỤ 즉부 **직위**

□ **chủ tịch** 주띠 회장, 이사장

□ **thư ký** 트기 비서

□ **đồng nghiệp**

동 응이엡 동료

Hôm nay tôi có buổi tiệc với đồng nghiệp.

홈 나이 또이 거 부오이 띠엑 버이 동 응이엡.
오늘 직장 동료들과 회식이 있다.

□ **cấp trên** 겁 쩬 상사

□ **cấp dưới** 겁 즈어이 부하

□ **giám khảo phỏng vấn**

잠 카오 퐁 번 면접관

□ **thí sinh** 티 싱 면접 보는 사람

Tôi đã trả lời các câu hỏi của giám khảo rất bình tĩnh.

또이 다 짜 러이 각 거우 허이 구어 잠 카오 럿 빙 띵.
나는 면접관의 질문에 침착하게 대답했다.

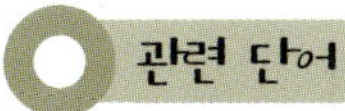

- □ trụ sở chính 쭈 서 징 **본사**
- □ chi nhánh 지 냐인 **지사**

- □ giám đốc 잠 독 **사장, 대표이사**
- □ phó giám đốc 퍼 잠 독 **부사장**
- □ giám đốc điều hành 잠 독 디에우 하잉 **전무**
- □ thường vụ 트엉 부 **상무**
- □ trưởng phòng 쯔엉 퐁 **과장**
- □ nhân viên 녀인 비엔 **직원**

- □ nhân viên cấp dưới 녀인 비엔 껍 즈어이 **부하 직원**
- □ nhân viên mới 녀인 비엔 머이 **신입 직원**

- □ phỏng vấn 퐁 번 **면접**

A: A lô, Đây là phòng thư ký tổng công ty. Có sếp Lee ở đó không ạ?
알로, 데이 라 퐁 트 기 똥 공 띠. 거 셉 리 어 더 콩 아?
여보세요, 여기는 본사 비서실입니다. 이 전무님 계십니까?

B: Xin lỗi bây giờ đang có buổi họp ạ.
신 로이 베이 저 당 거 부오이 홉 아.
죄송하지만, 지금 회의 중이십니다.

A: Vậy, cô chuyển lời hộ là có chủ tịch tìm gặp ạ.
버이, 고 춰엔 러이 호 라 거 주 띡 띰 갑 아.
그러면, 회장님이 찾으신다고 전해 주세요.

B: Vâng, tôi nhớ rồi ạ.
벙, 또이 녀 로이 아.
예, 알겠습니다.

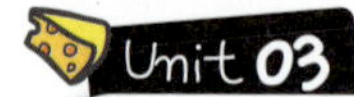

CÔNG VIỆC 공 비엑 **일**

☐ **thăng tiến** 탕 띠엔 승진

☐ **thôi việc** 토이 비엑 **퇴직(하다)**

☐ **(đi) công tác** (디) 공 딱 **출장**

Anh ấy đã đi công tác Việt Nam.

아인 에이 다 디 공 딱 비엣 남.
그는 베트남으로 출장을 간다.

☐ **họp** 협 **회의**

Vì buổi họp nên tôi không ăn trưa được.

비 부오이 홉 넨 또이 콩 안 쯔어 드억.
회의 때문에 점심도 못 먹었다.

☐ **nghỉ** 응이 **휴가**

Tôi bận quá nên không lên kế hoạch cho kì nghỉ được.

또이 번 꽈 녠 콩 렌 게 호악 저 기 응이 드억.
바빠서 휴가 계획을 잡을 수 없다.

☐ **lương năm** 르엉 남 **연금**

Ông tôi nhận lương năm sau khi về hưu.

옹 또이 녀인 르엉 남 사우 키 베 흐우.
아버지는 퇴직 후 연금을 받으신다.

관련 단어

- **tiền lương** 띠엔 르엉 임금
- **lương tháng** 르엉 탕 월급
- **ngày lĩnh lương** 응아이 링 르엉 월급날
- **tiền thưởng** 띠엔 트엉 보너스

- **thỏa thuận** 톼 투언 협상하다
- **phỏng vấn** 퐁 번 면접 시험(을 보다)
- **sơ yếu lí lịch** 서 이에우 리 릭 이력서
- **tuyển dụng** 뛰엔 중 채용하다
- **tìm việc** 띰 비엑 취직하다
- **bắt đầu** 밧 더우 시작하다
- **đi làm** 딜 람 출근하다
- **nghỉ làm** 응이 람 퇴근하다, 결근하다

- **công việc** 꽁 비엑 근무, 업무
- **làm thêm giờ** 람 템 저이 초과 근무
- **thời gian làm việc** 터이 잔 람 비엑 근무 시간

- **quy định chung** 귀 딩 중 정규직
- **công việc tạm thời** 꽁 비엑 땀 터이 임시직
- **nghề tự do** 응에 뜨 저 자유직
- **freelancer** 프리랜서 프리랜서, 자유직 종사자

VĂN PHÒNG 반 퐁 **사무실**

□ **bàn làm việc**
반 람 비엑 **사무용 책상**

Bàn làm việc cái nào thì tốt?
반 람 비엑 가이 나오 티 똣?
사무용 책상은 어떤 제품이 좋습니까?

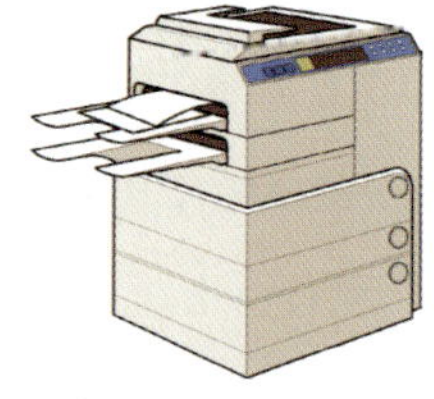

□ **máy photocopy**
마이 포또고피 **복사기**

□ **máy fax** 마이 팩스 **팩시밀리**

□ **điện thoại** 디엔 톼이 **전화기**

□ **di động** 지 동 **휴대폰**

Oa, đó là loại di động mới nhất đấy!
와, 더 라 로아이 지 동 머이 녀잇 데이!
와, 그거 정말 최신형 휴대폰이구나!

□ **máy tính** 마이 띵 계산기

□ **nhật kí** 녀잇 기 다이어리

Tôi không thường viết nhật kí.
또이 콩 트엉 비엣 녀잇 기.
나는 다이어리를 잘 쓰지 않는다.

□ **lịch** 릭 달력

Ôi, lại sang trang lịch mới rồi.
오이, 라이 상 짱 릭 머이 로이.
휴, 달력을 또 한 장 넘겨야겠네.

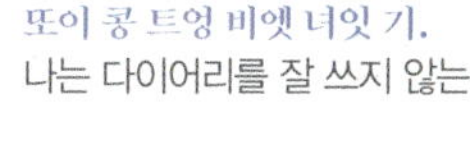

□ **khung ảnh** 쿵 아인 액자

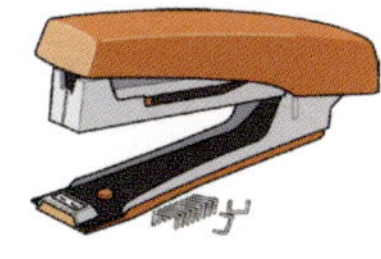

□ **dập ghim** 접 김 스테플러

Anh hãy xem lại chỗ hồ sơ này rồi
dập ghim vào nhé.
아인 하이 셈 라이 조 호 서 나이 로이 접 김 바오 내.
이 서류들 정리해서, 스테플러로 찍어다 주세요.

□ **ghim** 김 압정

관련 단어

- **bút dạ** 붓 자 매직펜
- **bút bi** 붓 비 볼펜
- **bút kí** 붓 기 사인펜
- **bút tẩy** 붓 떠이 수정액
- **giấy nhớ** 저이 녀 포스트 잇, 메모 용지
- **kẹp ghim** 껩 김 클립

A: Tức chết được!
뜩 쩻 드억!
짜증나 죽겠어!

B: Có chuyện gì thế?
거 쭈옌 지 테?
무슨 일이야?

A: Cái máy in chỗ chúng mình lại hỏng rồi.
가이 마이 인 조 충 밍 라이 홍 로이.
우리 부서 복사기가 또 고장났어.

B: Thế phải in mấy trang nữa?
테 파이 인 머이 짱 느어?
몇 장을 복사해야 하는데?

A: 40 trang. Tớ dùng cái ở đây được không?
본 므어이 짱. 떠 중 가이 어 더이 드억 콩?
40장. 여기 복사기 좀 사용해도 될까?

B: Ừ.
으.
응, 그래.

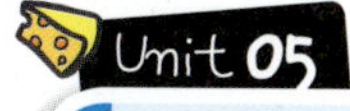

MÁY VI TÍNH 마이 비 띵 컴퓨터

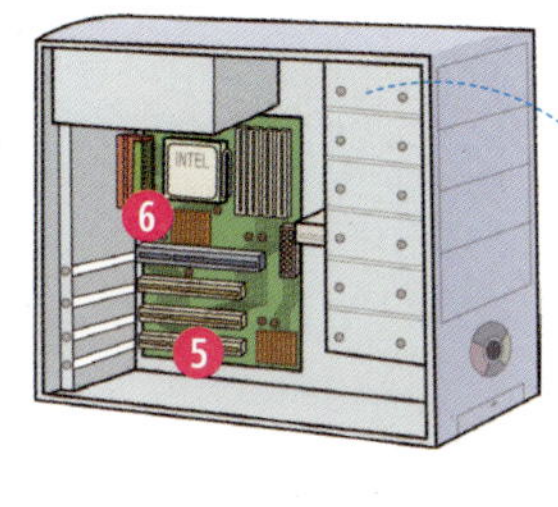

1. □ **màn hình** 만 힝 모니터

2. □ **tinh thể** 띵 테 액정

3. □ **bàn phím** 반 핌 키보드

4. □ **chuột** 주엇 마우스

5. □ **mainboard** 메인보드 마더보드

6. □ **cây / CPU** 거이 / CPU 중앙 처리 장치, CPU

7. □ **ổ đĩa cứng** 오 디어 궁 하드디스크

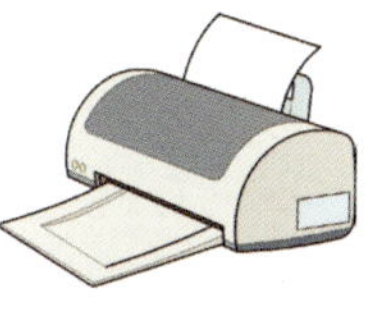

□ **máy scan**
마이 스겐 스캐너

□ **máy tính xách tay**
마이 띵 사익 따이 노트북 컴퓨터

□ **máy in**
마이 인 프린터

관련 단어

- **con trỏ** 건 쩌 커서
- **icon** 아이 건 아이콘
- **nhấp chuột** 녑 추엇 클릭하다
- **nhấp đôi** 녑 도이 더블클릭하다
- **kéo và thả** 게우 바 타 드래그 앤 드롭
- **cài đặt** 가이 닷 설치하다
- **back-up** 바익-업 백업하다
- **tự động sắp xếp** 뜨 동 삽 셉 자동 정렬
- **boot** 붓 부팅하다
- **reboot** 리붓 재부팅하다
- **khởi động** 커이 동 초기화
- **copy** 거피 파일 복제
- **dán / paste** 잔 / 펫 붙여넣기
- **lưu / save** 르우 / 세프 저장
- **control panel** 건트롤 파넬 제어판
- **thùng rác** 퉁 락 휴지통
- **nâng cấp** 넝 겁 업그레이드
- **bộ xử lý dữ liệu** 보 쓰 리 즈 리에우 워드프로세서
- **mở** 머 열다
- **đóng** 동 닫다
- **tắt nguồn** 땃 응우언 전원을 끄다

INTERNET 인터넷 **인터넷**

□ **internet explore**
인터넷 익스플로러 **인터넷 익스플로러**

□ **trang chủ** 짱 주 **홈페이지**
Cái này được hướng dẫn trên trang chủ của công ty chúng tôi.
가이 나이 드억 흐엉 전 쩬 짱 주 구어 공 띠 충 또이.
저희 회사 홈페이지에 설명되어 있습니다.

□ **ban-nơ quảng cáo**
밴-너 광 가오 **배너, 띠 모양의 광고**

□ **website** 웹사이트 **웹사이트**
Xem nào, hay tìm thử trên website nhỉ?
셈 나오, 하이 띰 트 쩬 웹사이트 니?
글쎄, 웹사이트에서 찾아볼까?

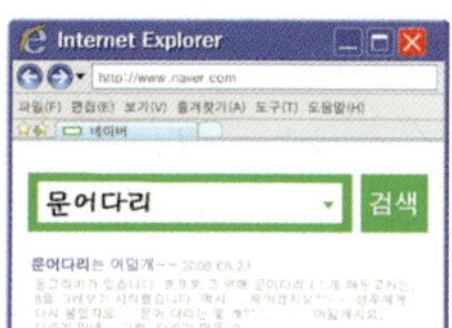

□ **tìm kiếm thông tin**
띰 기엠 통 띤 **정보 검색**

□ **tải xuống / download**
따이 수엉 / 다운로드 **다운로드하다**

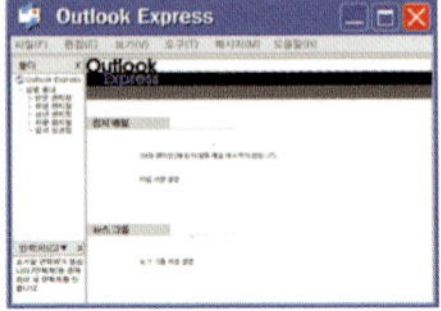

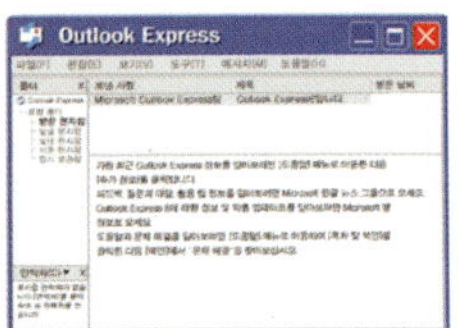

☐ thư điện tử / e-mail
트 디엔 뜨 / 이-멜 **이메일**

Giờ anh gửi e-mail ngay đây.
저 아인 그이 이-멜 응아이 더이.
내가 지금 이메일로 보낼게.

☐ hộp thư đến / inbox
홉 트 덴 / 인박스 **받은 편지함**

☐ hộp thư đi / outbox
홉 트 디 / 아우드박스 **보낸 편지함**

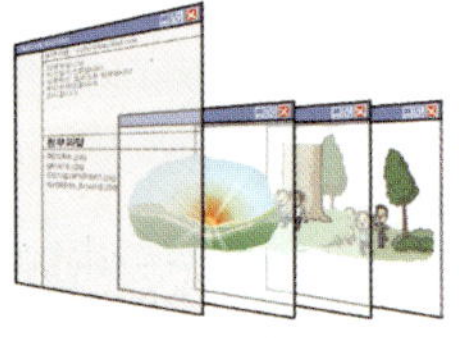

☐ đính kèm 딩 껨 **첨부**

Liên lạc lại với tôi sau khi xem file đính kèm nhé.
리엔 락 라이 버이 또이 사우 키 셈 파일 딩 껨 내.
첨부 파일을 보시고 다시 연락 주세요.

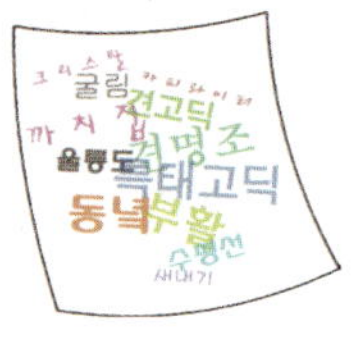

☐ font chữ 퐁 즈 **글꼴**

Font chữ này không đẹp lắm.
퐁 즈 나이 콩 뎁 람.
이 글꼴은 좀 예쁘지가 않아.

☐ nghiện net
응이엔 넷 **인터넷 중독**

☐ người nghiện net
응어이 응이엔 넷 **인터넷 중독자**

- **online** 언라인 온라인
- **bản tin điện tử** 반 띤 디엔 뜨 전자 게시판
- **blog** 블록 블로그
- **(địa chỉ) domain** (디어 지) 도메인 도메인 (주소)
- **cổng thông tin điện tử** 꽁 통 띤 디엔 뜨 인터넷 포털 사이트

- **internet explore** 인터넷 익스플로러 브라우저, 인터넷 익스플로러
- **thiết bị định tuyến** 티엣 비 딩 뛰엔 라우터, 공유기
- **lỗi chương trình** 로이 즈엉 찡 프로그램의 오류, 결함
- **mạng nội bộ** 망 노이 보 근거리 통신망, 랜
- **cookie** 쿠키 쿠키 (인터넷 임시 저장 파일)
- **tường lửa** 뜨엉 르어 방화벽

- **tra net** 짜 넷 인터넷 검색을 하다
- **hỏi đáp** 호이 답 자주 묻는 질문, FAQ
- **trả lời** 짜 러이 대답, 댓글
- **cư dân mạng** 그 전 망 네티즌
- **hacker** 하익거 해커

GIAO TIẾP 자오 띠엡 의사소통

□ **hội thoại / nói chuyện**
호이 퇴이 / 노이 쮀엔 대화하다

□ **chào hỏi** 자오 호이 인사하다

□ **hiểu nhau**
히에우 냐우 (사상·감정이) 서로 통하다

□ **thổ lộ** 톨 로 고백하다

□ **cãi nhau** 가이 냐우 말다툼하다

□ **xin lỗi** 신 로이 사과하다

- **lời nói** 러이 노이 말투, 말씨
- **giọng địa phương** 종 디어 프엉 사투리
- **hành động** 하잉 동 제스처
- **thái độ** 타이 도 태도
- **ý kiến** 이 기엔 의견
- **chủ đề nói chuyện** 주 데 노이 쮀엔 화제, 주제
- **dịch / phiên dịch** 직 / 피엔 직 번역하다, 통역(자)
- **lời mời** 러이 머이 초대
- **họp mặt** 홉 맛 모임
- **quan hệ** 관 헤 관계
- **giới thiệu** 저이 티에우 소개하다
- **tán thành / đồng ý** 딴 타잉 / 동 이 찬성하다, 동의하다
- **phản đối** 판 도이 반대하다

dialogue
hội thoại

A: Không thể hiểu được thái độ của anh ta!
콩 테 히에우 드억 타이 도 구어 아인 따!
그 사람 태도는 도대체 알 수가 없네!

B: Anh ấy xin lỗi cậu rồi còn gì.
아인 에이 신 로이 거우 로이 건 지.
너한테 사과한다고 했잖아.

A: Xin lỗi thế cậu có nhận không?
신 로이 테 거우 거 녀인 콩?
그런 식으로 사과하면, 넌 받아들일 수 있겠어?

B: Anh ấy vốn nói giọng địa phương, lại thêm cách nói nên mới thế.
아인 에이 본 너이 종 디어 프엉, 라이 템 가익 너이 넨 머이 테.
원래 사투리를 쓰는데다가, 말투까지 무뚝뚝해서 그런 거야.

1 다음 단어를 베트남어 또는 우리말로 바꾸세요.

nông dân   diễn viên   đầu bếp   ca sĩ   giáo viên

2 다음 단어를 베트남어 혹은 우리말로 고쳐 보세요.

a) chủ tịch __________   thư ký __________

   신입사원 __________   thí sinh __________

   nhân viên __________

b) đi làm __________   월급 __________

   보너스 __________   công việc __________

3 다음 보기에서 단어를 골라 빈칸에 써넣어 보세요.

> a) máy tính   máy photocopy   dập ghim   bút tẩy
> bút bi
> b) cài đặt   con trỏ   nhấp chuột   chuột   màn hình

a) 스테플러 __________   수정액 __________   복사기 __________

   계산기 __________   볼펜 __________

b) 클릭하다 __________   설치하다 __________   모니터 __________

마우스 __________   커서 __________

4 다음 단어를 베트남어 혹은 우리말로 고쳐 보세요.

a) 배너 __________   địa chỉ domain __________

온라인 __________   홈페이지 __________   이메일 __________

b) 사투리 __________   lời mời __________

hội thoại __________   ý kiến __________

xin lỗi __________

5 다음 빈칸에 알맞은 베트남어를 써넣어 보세요.

a) 오늘 구직 면접이 있다.   Tôi có __________ việc làm hôm nay.

b) 내 컴퓨터는 가끔 다운된다.   __________ của tôi thi thoảng hơi đơ.

c) 이거 한 장만 복사해줘요.   __________ cho tôi một bản nhé.

d) 이메일로 이력서를 보내주세요.

Gửi bản __________ cho tôi qua __________ nhé.

THEMATIC VIETNAMESE WORDS

Theme 7

→ **MUA SẮM** 무어 삼 **쇼핑**

1 인견
2 가정
3 수
4 도시
5 교통
6 업무
7 쇼핑
8 스포츠 · 취미
9 자연

BÁCH HÓA TỔNG HỢP

바익 화 똥 헙 **백화점**

☐ **nhân viên thanh toán**
녀인 비엔 타잉 또안 **계산원**

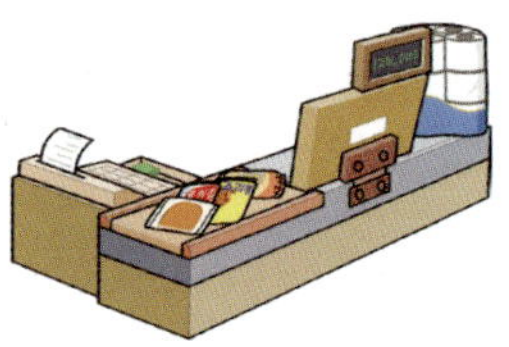

☐ **quầy thanh toán**
구오이 타잉 또안 **계산대**

☐ **tiền giấy** 띠엔 저이 **지폐**

☐ **tiền xu** 띠엔 수 **동전**

☐ **xe đẩy** 세 더이 **쇼핑 카트**
Mẹ để con đẩy xe cho.
메 데 건 데이 세 저.
엄마, 쇼핑 카트는 내가 밀고 갈게요.

☐ **nhân viên** 녀인 비엔 **점원**
Bàn chải đánh răng ở đâu nhỉ? Phải
hỏi mấy chị nhân viên mới được.
반 자이 다잉 랑 어 더우 니? 파이 호이 머이 치 녀인
비엔 머이 드억.
칫솔이 어디 있지? 점원에게 물어봐야겠네.

☐ **khách hàng**
카익 항 **고객**

관련 단어

- **khu** 쿠 코너, 전문 판매대
- **mã vạch** 마 바익 바코드
- **tem giá** 땜 자 가격표
- **chi phiếu** 지 피에우 수표
- **tiền mặt** 띠엔 맛 현금
- **tiền lẻ** 띠엔 레 잔돈
- **window-shopping** 윈도우-쇼핑 윈도쇼핑
- **thương hiệu** 트엉 히에우 브랜드, 상표
- **quà tặng** 과 땅 선물
- **bọc / gói** 복 / 거이 포장하다
- **giảm giá** 잠 자 바겐세일
- **giá đặc biệt** 자 닥 비엣 특가 상품
- **trả lại hàng** 짜 라이 항 반품하다

A: Đang có sale ở bách hóa đấy, đi không?
당 거 세일 어 바익 화 데이, 디 콩?
백화점에서 바겐 세일한다는데, 쇼핑 가지 않을래?

B: Ừ, tớ cũng đang định đi mua quà tặng cho mẹ đây.
으, 떠 꿍 당 딩 디 무어 과 땅 저 매 데이.
그래. 마침 난 엄마 선물도 사야 해.

A: Được, thế khoảng 2h đi nhé.
드억, 테 쾅 하이 저 디 내.
잘됐네. 이따 두 시쯤 나가자.

177

☐ **trang phục nam**
짱 푹 남 남성복

☐ **trang phục nữ**
짱 푹 느 여성복

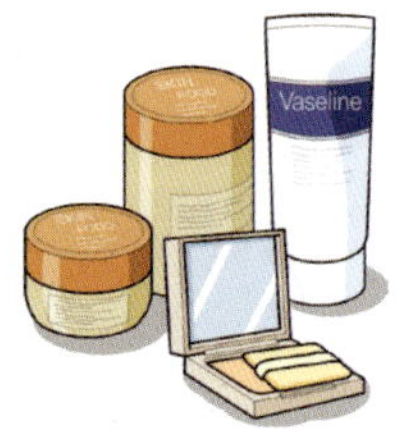

☐ **mỹ phẩm** 미 펌 화장품

Loại mỹ phẩm này hơi nhiều chất
nhờn thì phải.
로아이 미 펌 나이 허이 니에우 첫 넌 티 파이.
이 화장품은 유분이 많은 것 같네요.

☐ **đồ tạp hóa**
도 땁 화 잡화

☐ **đồ chơi** 도 저이 완구, 장난감

Đồ chơi cho trẻ 5 tuổi thì có gì nhỉ?
도 저이 저 쩨 남 뚜오이 티 거 지 니?
다섯 살짜리 사내아이에게 어떤 장난감이 좋을까요?

☐ đồ dùng nhà bếp

도 중 냐 벱 **주방용품**

Đồ dùng nhà bếp gì mà nhiều thế này?

도 중 냐 벱 지 마 니에우 테 나이?
주방용품 종류가 어쩌면 이렇게도 많으냐?

☐ đá quý 다 귀 **보석**

☐ thực phẩm 특 펌 **식품**

Qua quầy thực phẩm mua ít đồ ăn mới được.

과 구오이 특 펌 무어 잇 도 안 머이 드억.
식품 코너에 가서 반찬거리 좀 사야겠어.

☐ hàng gia dụng

항 자 중 **가전제품**

☐ nội thất 노이 텃 **가구**

Đến rồi thì vào ngắm đồ nội thất tí đi.

덴 로이 티 바오 응암 도 노이 텃 띠 디.
우리 이왕 왔으니 가구도 구경하고 가자.

☐ đồ dùng văn phòng

도 중 반 퐁 **문방구**

179

Unit 02

THỰC PHẨM 특펌 식품

□ **bánh mì**
바잉 미 **빵**

□ **gạo** 가오 **쌀**

□ **cá hộp** 가홉 **통조림**

□ **trứng** 쯩 **계란**

□ **sữa** 스어 **우유**

□ **hoa quả** 화 과 **과일**

□ **rau xanh**
라우 사인 **채소**

□ **kem** 껨 **아이스크림**

□ **nước quả** 느억 과 **주스**
Thèm cốc nước chanh
mát quá.
템 곡 느억 자잉 맛 과.
시원한 레몬 주스 마시고 싶다.

□ **đồ uống có ga**
도 우어 거 가 **탄산음료**

 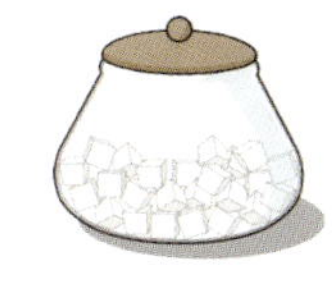 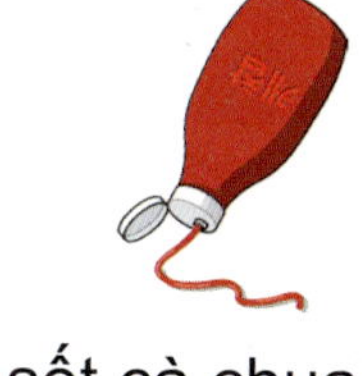

☐ **muối** 무오이 소금　☐ **đường** 드엉 설탕

☐ **sốt cà chua**
숏 가 주어 토마토케첩

관련 단어

☐ **thực phẩm đông lạnh** 특 펌 동 라인 냉동식품

☐ **dầu ăn** 저우 안 식용유

☐ **bột mì** 봇 미 밀가루

☐ **gia vị** 자 비 조미료

☐ **mù tạt** 무 땃 겨자 소스

☐ **xì dầu** 시 저우 간장

☐ **dấm** 점 식초

☐ **bánh kẹo** 바잉 게우 과자

☐ **đồ uống** 도 웡 음료수

☐ **đồ uống thể thao** 도 우엉 테 타오 스포츠 드링크

dialogue / hội thoại

A: **Quên chưa mua sữa rồi!**
구엔 즈어 무어 스어 로이!
우유 사는 걸 깜빡했네!

B: **Để tớ đi lấy cho. Sữa ở đâu ấy nhỉ?**
데 떠 디 러이 저. 스어 어 더우 에이 니?
내가 가서 가져올게. 우유가 어디에 있더라?

A: **Chỗ quầy sữa đằng kia kìa.**
조 구오이 스어 당 기어 기어.
저쪽 유제품 코너에 있어.

TRANG PHỤC NAM 짱 푹 남 남성복

☐ **áo** 아오 상의, 윗도리

Nóng thì cởi áo ra.
농 티 거이 아오 라.
더우면 상의는 벗어도 돼.

☐ **áo khoác** 아오 꽉 점퍼, 재킷

☐ **áo phông** 아오 퐁 티셔츠

Màu cái áo phông này đẹp quá.
마우 가이 아오 퐁 나이 댑 과.
이 티셔츠 색깔이 참 멋있다.

☐ **áo len** 아오 렌 스웨터

☐ **quần đùi**
구언 두이 반바지

☐ **quần dài** 구언 자이 바지

☐ **quần bò** 구언 버 청바지

□ **áo phông có cổ**
아오 퐁 거 고 폴로셔츠

□ **áo sơmi** 아오 서미 와이셔츠

□ **âu phục** 어우 푹 정장

□ **lễ phục** 레 푹 예복

□ **áo the** 아오 테 아오테
(베트남 남성의 전통 의복)

□ **đồ thể thao** 도 테 타오 운동복

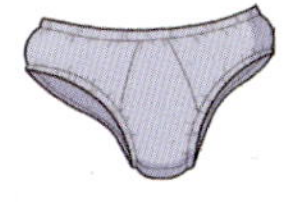

□ **quần sịp** 구언 십 팬티

관련 단어

- □ **áo gilê** 아오 질레 조끼
- □ **áo may ô** 아오 마이 오 속옷
- □ **thường phục** 트엉 푹 평상복
- □ **áo mưa** 아오 므어 비옷
- □ **quần yếm** 구언 이엠 멜빵바지
- □ **đồ trượt tuyết** 도 쯔엇 뚜엣 스키복
- □ **đồ bơi** 도 버이 수영복
- □ **quần bơi** 구언 버이 수영 팬티

- □ **phòng may đồ** 퐁 마이 도 피팅룸
- □ **là thẳng** 라 탕 타이트하다
- □ **rộng** 롱 헐렁하다

- □ **số đo chuẩn** 소 더 주언 라운드 넥
- □ **đai** 다이 브이넥
- □ **cổ áo** 고 아오 옷깃
- □ **cúc** 국 단추
- □ **tay áo** 따이 아오 소매
- □ **túi** 뚜이 주머니
- □ **vải lót trong** 바이 럿 쫑 안감

세계적으로 유명한 베트남의 대표 의복 아오자이(Áo dài)는 '옷'이라는 뜻의 Áo와 '길다'는 뜻의 **dài**가 합성된 단어로, 말 그대로 긴 옷이라는 뜻이다. 이것은 중국의 치파오와 비슷하지만, 긴 바지를 입으며 상의에는 허리까지 옆트임이 있는 점이 다르다. 이 아오자이는 베트남 전통 복식으로 알려져 있지만, 근대화 시기에 한 디자이너에 의해 개량된 것이라고 한다.

오늘날 관공서의 유니폼이나 여학생 교복으로 또 평상복으로도 애용되고 있다. 남성용 의복인 아오테(Áo the)는 상의가 여성의 것보다 짧다.

의복이 시대·생활·지리적 환경 등에 따라 특징을 지니듯이, 전통적인 농경사회인 베트남에서도 20세기 초에는 나무껍질이나 나뭇잎 색 같은 단조로운 색에 짧고 단정한 옷을 입었다. 지금도 농촌에서는 이런 색으로 헐렁한 바지를 입고, 신발은 거의 신지 않으며, 양산·우산·부채 등의 역할을 하는 논라(Nón lá)라는 대나무로 만든 원추형 고깔모자를 쓴다.

아오뜨터언(Áo tứ thân)은 북부의 전통 의상인데, 상의가 아오자이처럼 길지만 옷자락은 넷으로 갈라지고, 아오자이와 달리 긴 치마를 입기도 한다. 아오바바(Áo bà ba)는 남부의 전통 의상인데, 골반 정도 길이의 상의와 바지로 구성된다.

아오자이나 아오뜨터언은 여성미를 잘 표현해 주는 옷이지만, 아오바바는 벼농사를 많이 짓는 남부 지방의 특성에 맞추어 통기성도 좋고 편하게 만들어진 옷이다.

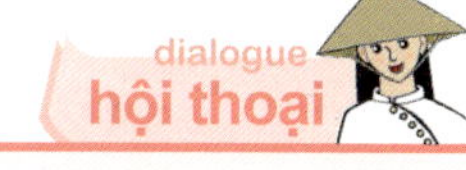

dialogue
hội thoại

A: **Anh tìm gì ạ?**
아인 띰 지 아?
무엇을 찾으세요?

B: **Tôi muốn mua một cái áo len.**
또이 무언 무어 못 가이 아오 랜.
스웨터를 하나 사려고요.

A: **Cái này thế nào ạ? Đây là hàng mới đấy.**
가이 나이 테 나오 아? 더이 라 항 머이 데이.
이건 어떠세요? 신상품이에요.

B: **Trông cũng được đấy. Có màu đen không?**
쫑 궁 드억 데이. 거 마우 덴 콩?
괜찮네요. 검은색 있나요?

A: **Vâng, anh chờ chút ạ.**
벙, 아인 저 줏 아.
예, 잠깐만 기다려 주세요.

185

TRANG PHỤC NỮ 짱 푹 느 여성복

☐ **áo thun** 아오 툰 블라우스

☐ **chân váy** 저인 바이 치마, 스커트

(Chân) Váy của cậu hơi ngắn đấy nhé.

(저인) 바이 구어 거우 허이 응안 데이 내.
너 스커트 길이가 너무 짧은 거 같다.

☐ **xường xám** 쓰엉 쌈 치파오

Phụ nữ Việt Nam cũng hay mặc xường xám.

푸 느 비엣 남 궁 하이 막 쓰엉 쌈.
베트남 여성들도 치파오를 많이 입는대요.

☐ **váy liền** 바이 리엔 원피스

☐ **áo dài** 아오 자이 아오자이
(베트남 여성의 전통 의복)

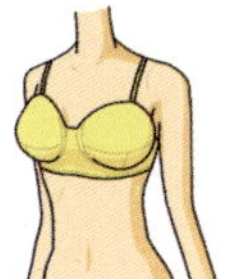

☐ **áo ngực** 아오 응윽 브래지어

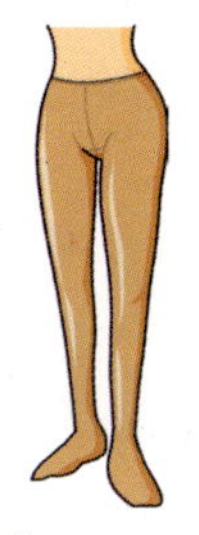

☐ **quần tất** 구언 떳 팬티스타킹

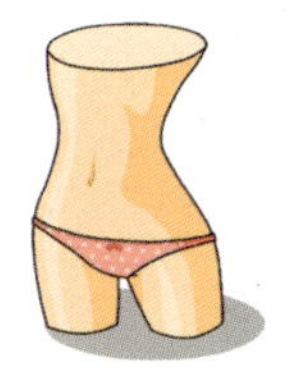

☐ **quần lót** 구언 럿 삼각팬티

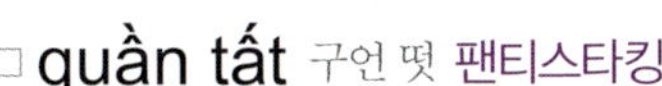

관련 단어

☐ **xi-lip** 실-립 슬립, 속치마

☐ **áo ngủ** 아오 응우 잠옷, 네글리제

☐ **áo lót** 아오 럿 코르셋, 거들

☐ **tất** 떳 스타킹

☐ **đệm vai** 뎀 바이 어깨 패드

☐ **áo cộc tay** 아오 곡 따이 민소매

☐ **khóa** 콰 지퍼

☐ **đăng ten** 당 뗀 레이스

GIÀY DÉP · CÁC THỨ KHÁC
자이 젭·깍 트 칵 **신발·기타**

□ **giày cao gót**
자이 가오 것 **하이힐**

□ **giày thể thao**
자이 테 타오 **운동화**

□ **tất** 떳 **양말**

□ **bốt / ủng** 봇 / 웅 **부츠**

□ **giày (da)** 자이 (자) (가죽) **구두**
Được hôm nay đi giày mới thì mưa.
드억 홈 나이 디 자이 머이 티 므어.
오늘 새 구두를 신었는데, 비가 엄청 오네.

관련 단어

□ **xăng đan** 쌍 단 **샌들**

□ **dép lê** 젭 레 **슬리퍼**

□ **dây chuyền** 저이 쮜엔 **목걸이**

□ **vòng tay** 봉 따이 **팔찌**

□ **khuyên tai** 쿼엔 따이 **귀걸이**

□ **trâm** 쩜 **브로치**

□ **nhẫn** 녀인 **반지**

☐ **mũ rộng vành**
무 롱 바잉 모자

☐ **mũ lưỡi trai**
무 르어이 짜이 야구 모자

☐ **găng tay** 가앙 따이 장갑

☐ **cà vạt** 가 밧 넥타이

☐ **khăn quàng cổ**
칸 꽝 고 스카프

☐ **khăn tay / khăn mu soa**
칸 따이 / 칸 무 솨 손수건

🔘 **관련 단어**

☐ **nơ bướm** 너 브엄 나비넥타이

☐ **thắt lưng** 탓 릉 벨트

☐ **kính** 낑 안경

☐ **kẹp tóc** 껩 똑 머리핀

☐ **dây buộc tóc** 저이 부억 똑 머리끈

MỸ PHẨM 미 펌 화장품

□ **nước hoa hồng**
느억 화 홍 **스킨**

□ **sữa dưỡng / lotion**
스어 즈엉 / 로션 **로션**

□ **kem dưỡng da**
껨 즈엉 자 **영양 크림**

□ **phấn phủ**
펀 푸 **콤팩트**

□ **bông phấn**
봉 펀 **퍼프**

□ **phấn** 펀 **파운데이션**

Phấn này không hợp màu da mình.
펀 나이 콩 헙 마우 자 밍.
이 파운데이션 색조는 내 얼굴에 맞지 않는다.

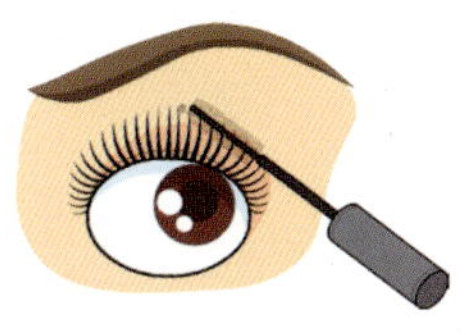

□ **mascara**
마스카라 **마스카라**

□ **son môi**
선 모이 **립스틱**

□ **nước hoa** 느억 화 **향수**

Mùi nước hoa này thế nào?
무이 느억 화 나이 테 나오?
이 향수 냄새 어때요?

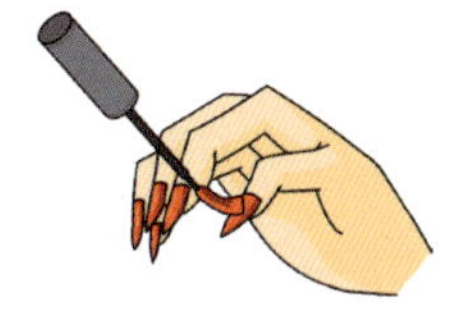

□ **sơn móng tay**
선 몽 따이 **매니큐어**

□ **chải đầu**
차이 더우 **머리를 빗다**

□ **trang điểm** 짱 디엠 **화장하다**

Hồi này nhiều người trang điểm
trên xe buýt lắm nhé.
호이 나이 니에우 응어이 짱 디엠 쩬 세 빗 람 내.
요즘 버스에서 화장하는 여자들이 많더라.

관련 단어

- **son bóng** 선 봉 **립글로스**
- **chổi phấn má** 조이 펀 마 **볼터치**
- **phấn mắt** 펀 맛 **아이섀도**
- **kem tẩy trang** 껨 떠이 짱 **클렌징크림**
- **kem tắm nắng** 껨 땀 낭 **선탠 크림**
- **kem chống nắng** 껨 종 낭 **자외선 차단 크림**
- **sữa rửa mặt** 스어 르어 맛 **세숫[화장]비누**
- **chăm sóc da** 잠 속 자 **피부 미용 관리, 스킨케어**

- **gel tóc** 젤 똑 **헤어 젤**
- **máy sấy tóc** 마이 서이 똑 **헤어드라이어**

A: Hôm nay không bôi kem chống nắng mà nắng thì gắt quá.
홈 나이 콩 보이 껨 종 낭 마 낭 티 갓 과.
오늘 자외선 차단 크림도 안 발랐는데, 햇빛이 너무 강하다.

B: Thế à? Dùng của tớ nhé?
테 아? 중 구어 떠 내?
그래? 내 거 빌려 줄게.

A: Cám ơn, ấy chăm sóc da kĩ nhỉ!
깜 언, 에이 잠 속 자 기 니!
고마워. 넌 피부 미용 관리는 정말 잘하는구나!

ĐIỆN GIA DỤNG 디엔 자 중 **가전제품**

□ **tivi**
디비 텔레비전

□ **máy ảnh** 마이 아인 **캠코더**
Đây là loại máy ảnh mới chụp dưới nước đấy.
더이 라 로아이 마이 아인 머이 줍 즈어이 느억 데이.
이건 새로 나온 수중 촬영용 캠코더야.

□ **máy giặt** 마이 잣 **세탁기**
Em vẫn chưa biết dùng máy giặt à?
엠 번 즈어 비엣 중 마이 잣 아?
너, 아직 세탁기 사용법도 모르니?

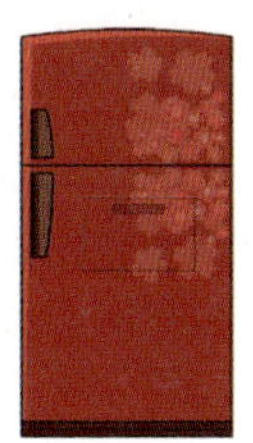

□ **tủ lạnh**
뚜 라인 **냉장고**

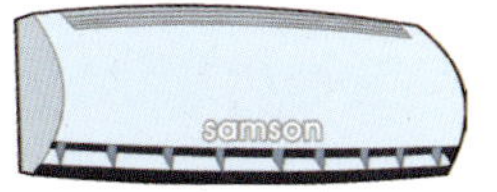

□ **điều hòa** 디에우 화 **에어컨**
Điều hòa hãng nào thì tốt nhỉ?
디에우 화 항 나오 티 똣 니?
에어컨은 어떤 것으로 사면 좋을까요?

□ **dàn âm thanh**
잔 엄 타잉 **오디오 시스템**

193

☐ **nồi cơm điện** 노이 껌 디엔 전기밥솥

Nồi cơm điện ngày càng có rất nhiều tính năng.

노이 껌 니엔 응아이 강 거 럿 니에우 딩 낭.

요즘 전기밥솥은 기능이 무척 다양하다.

☐ **máy xay sinh tố**

마이 사이 싱 또 믹서

☐ **điện thoại** 디엔 톼이 전화기

Cậu dùng cái điện thoại này lâu nhỉ.

거우 중 가이 디엔 톼이 나이 러우 니.

이 전화기 무척 오래 쓰는구나.

☐ **điện thoại cầm tay**

디엔 톼이 검 따이 무선전화기

☐ **bàn là** 반 라 전기다리미

☐ **phôn đĩa** 폰 디어 시디플레이어

Giờ chẳng ai dùng phôn đĩa mấy nhỉ.

저 장 아이 중 폰 디어 머이 니.

요즘 시디플레이어 쓰는 사람 별로 없더라.

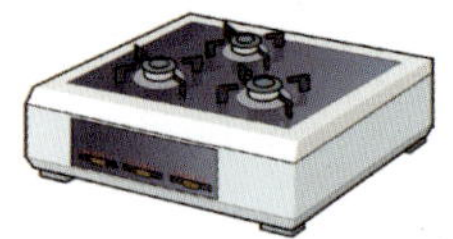

☐ **bếp ga** 벱 가 가스레인지

- quạt 꽛 선풍기
- lò vi sóng 러 비 송 전자레인지
- điều khiển từ xa 디에우 키엔 뜨사 리모컨
- máy gia tăng độ ẩm 마이 자 땅 도 엄 가습기
- máy rửa bát 마이 르어 밧 식기 세척기

- bật 벗 켜다
- tắt 땃 끄다

A: Giảm quạt tí thì tốt nhỉ.
잠 꽛 띠 티 똣 니.
선풍기 바람 조금만 약하게 했으면 좋겠어.

B: Tớ nóng đến nỗi chỉ muốn chui vào tủ lạnh đây này.
떠 농 덴 노이 지 무언 주이 바오 뚜 라인 더이 나이.
난 너무 더워서 냉장고 속에라도 들어가고 싶은데.

A: Xin lỗi, điều hòa bị hỏng nên...
신 로이, 디에우 화 비 홍 넨...
미안해, 에어컨이 고장나서….

A: Ấy vẫn dùng phôn đĩa à?
에이 번 중 폰 디어 아?
넌 아직 시디 플레이어 쓰는 거야?

B: Ừ, tớ thấy nó tiện hơn mp3.
으, 떠 터이 너 띠엔 헌 앰베바.
응, 난 MP3보다 이게 편해.

A: Hợp với tên 'ông cụ' ghê!
헙 버이 뗀 '옹 구' 게!
'할아버지'라는 별명 정말 잘 어울린다!

195

VÀNG BẠC ĐÁ QUÝ 방박다귀 **귀금속**

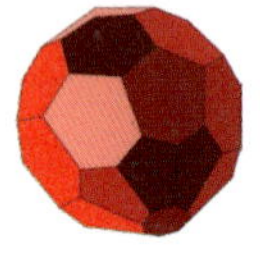

☐ **rubi** 루비 **루비**

Có thời rubi nhân tạo còn đắt hơn đấy.
거 터이 루비 너인 따오 건 닷 헌 데이.
한때 인조 루비가 더 비싼 적이 있었다.

☐ **saphia** 사피어 **사피이어**

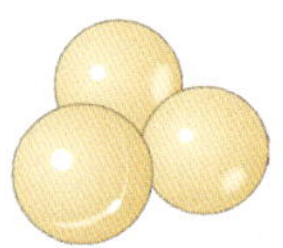

☐ **ngọc lục bảo**
응옥 룩 바오 **에메랄드**

☐ **ngọc trai** 응옥 짜이 **진주**

Ngọc trai là loại ngọc lấy từ con trai.
응옥 짜이 라 로아이 응옥 러이 뜨 건 짜이.
진주는 조개가 만들어내는 보석이다.

☐ **ngọc** 응옥 **옥**

Ngọc cũng có vết.
응옥 꿍 거 벳.
옥에도 티가 있다.

☐ **pha lê** 팔 레 **수정**

☐ **kim cương** 김 그영 **다이아몬드**

관련 단어

- **vàng** 방 금
- **bạc** 박 은
- **vàng trắng / bạch kim** 방 짱 / 바익 김 백금

- **đá quý** 다 귀 보석
- **hổ phách** 호 파익 호박
- **san hô** 산 호 산호
- **ngọc vàng** 응옥 방 토파즈, 황옥
- **ngọc mắt mèo** 응옥 맛 메우 탄생석

- **mạ vàng** 마 방 금도금
- **làm bằng vàng** 람 방 방 금으로 만든

- **đồ thật** 도 텃 진짜의
- **đồ giả** 도 자 가짜의
- **hàng nhái** 항 냐이 모조품

A: **Đây có đúng là nhẫn kim cương không đấy?**
데이 거 둥 라 녀인 김 그엉 콩 데이?
이거 진짜 다이아몬드 반지 맞니?

B: **Chứ sao, người ta mua cho đấy, đẹp không?**
즈 사오, 응아이 따 무어 저 데이, 뎁 콩?
그럼, 누가 사준 건데. 정말 예쁘지?

197

BÁNH · MỨT 바잉·믓 빵·제과

☐ **sôcôla** 소골라 초콜릿

Người ta bảo sôcôla giúp
chống bệnh tim đấy.
응어이 따 바오 소골라 줍 종 베잉 띰 데이.
다크 초콜릿이 심장병을 예방한다고 한다.

☐ **kẹo** 게우 사탕

Đã từng có bộ phim tựa đề
"Kẹo bạc hà".
다 등 거 보 핌 뜨어 데 "게우 박 하".
"박하사탕"이라는 영화가 있었지.

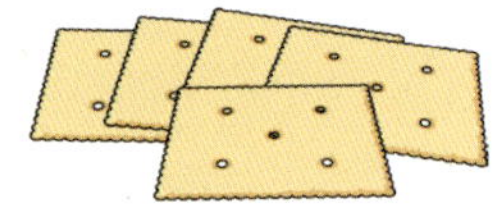

☐ **bánh quy** 바잉 귀 비스킷

Tôi thích ăn loại bánh quy có
vị nhạt vừa.
또이 틱 안 로아이 바잉 귀 거 비 냣 브어.
나는 담백한 비스킷이 좋다.

☐ **khoai tây chiên**
콰이 떠이 지엔 포테이토칩

☐ **caramel** 가라멜 캐러멜

☐ **bánh mo-phin**
바잉 모-핀 머핀

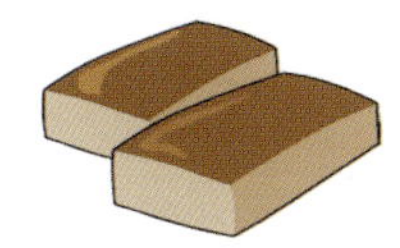

□ **castella** 카스텔라 카스텔라

□ **bánh sinh nhật**
바잉 싱 녀잇 생일 케이크

□ **kẹo cao su** 께우 까오 수 껌

□ **kẹo bạc hà** 께우 박 하 박하사탕

□ **bánh ngọt** 바잉 응엇 페이스트리

□ **bánh nướng** 바잉 느엉 파이

□ **vỏ bánh** 버 바잉 빵 껍질

□ **miếng** 미엥 조각

□ **mẩu / cái** 머우 / 가이 덩어리 (단위)

□ **nến** 넨 초

□ **trang trí** 짱 찌 장식

A: **Bố nhớ đi làm về mua bánh nhé.**
보 녀 딜 람 베 무어 바잉 내.
아빠, 퇴근하실 때 빵 좀 사다 주세요.

B: **Ừ, bánh gì?**
으, 바잉 지?
그래, 무슨 빵?

A: **Tự nhiên con muốn ăn bánh castella quá.**
뜨 니엔 건 무언 안 바잉 카스텔라 과.
갑자기 카스텔라가 먹고 싶어요.

1 다음 그림과 단어를 연결해 보세요.

· · · · ·

· · · · ·

nhân viên thanh toán   tiền xu   tiền giấy   nhân viên   khách hàng

2 다음 보기에서 단어를 골라 빈칸에 써넣어 보세요.

> a) mỹ phẩm   đồ dùng nhà bếp   hàng gia dụng
> đồ dùng văn phòng   đá quý
> b) bánh mì   bột mì   hoa quả   muối   đồ uống

a) 문방구 __________   주방용품 __________   가전제품 __________

보석 __________   화장품 __________

b) 밀가루 __________   소금 __________   음료수 __________

빵 __________   과일 __________

3 다음 단어를 베트남어 혹은 우리말로 고쳐 보세요.

a) 스웨터 __________   바지 __________   반바지 __________

조끼 __________   단추 __________

b) 치마 _________   스카프 _________   귀걸이 _________

목걸이 _________   블라우스 _________

c) giày thể thao _________   thắt lưng _________

găng tay _________   cà vạt _________

tất _________

d) nước hoa _________   trang điểm _________

phấn _________   son môi _________

chổi phấn má _________

4 다음 빈칸에 알맞은 베트남어를 써넣어 보세요.

a) 리모컨은 어디 있니?

_________ đâu?

b) 가습기를 켜시지 그래요?

Sao cậu không bật _________ lên?

c) 나는 전기밥솥을 사고 싶다.

Mình muốn mua một cái _________.

d) 대부분의 여자들은 보석을 좋아한다.

Phụ nữ hầu như đều thích _________.

e) 이게 진짜 다이아몬드 반지인가요?

Đây có phải _________ thật không?

f) 나는 그녀의 수정 같은 눈을 사랑한다.

Tớ thích đôi mắt trong như _________ của cô ấy.

1 계산원 – nhân viên thanh toán   점원 – nhân viên   고객 – khách hàng
동전 – tiền xu   지폐 – tiền giấy

2 a) đồ dùng văn phòng   đồ dùng nhà bếp   hàng gia dụng   đá quý
mỹ phẩm

b) bột mì   muối   đồ uống   bánh mì   hoa quả

c) 운동화   벨트   장갑   넥타이   양말

d) 향수   화장하다   파운데이션   립스틱   볼터치

3 a) áo len   quần dài   quần đùi   áo gilê   cúc

b) chân váy   khăn quàng cổ   khuyên tai   dây chuyền   áo thun

4 a) điều khiển từ xa   b) máy gia tăng độ ẩm   c) nồi cơm điện
d) đá quý   e) nhẫn kim cương   f) pha lê   g) bánh sinh nhật   h) kẹo

Theme 8

→ **THỂ THAO · SỞ THÍCH**
테 타오 · 서 틱 스포츠 · 취미

1 인간
2 가정
3 주
4 도시
5 교통
6 업무
7 쇼핑
8 스포츠·취미
9 자연

THỂ THAO 테 타오 스포츠

개인 스포츠

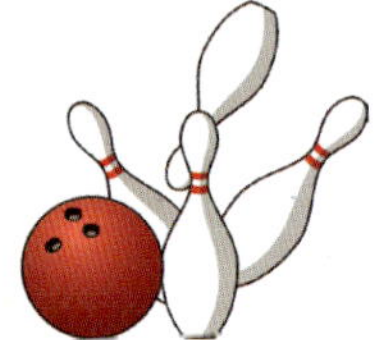

□ **bowling** 볼링 볼링

□ **đánh golf** 다잉 골프 골프

□ **ten-nit** 땐-닛 테니스

□ **quyền anh** 귀엔 아인 권투
Quyền anh thời La Mã cổ rất đáng sợ.
귀엔 아인 터이 라마 고 럿 당 서.
로마 시대의 권투는 무시무시했다.

□ **lướt ván** 르엇 반 서핑
Giờ đây lướt ván đã trở thành môn thể thao phổ biến.
저 더이 르엇 반 다 쩌 타잉 몬 테 타오 포 비엔.
서핑은 이미 대중적인 스포츠가 되었다.

□ **bi-a** 비-아 당구

□ **trượt patin** 쯔엇 빠띤 인라인스케이팅

Anh ấy rất thích trượt patin.
아인 에이 럿 틱 쯔엇 빠띤.
그는 인라인스케이팅을 즐긴다.

□ **câu cá** 거우 가 낚시

관련 단어

□ **trượt** 쯔엇 스케이팅

□ **đạp xe** 답 세 사이클링

□ **cưỡi ngựa** 그어이 응으어 승마

□ **đi bộ** 디 보 조깅

□ **trượt ván** 쯔엇 반 스케이트보드

□ **trượt tuyết** 쯔엇 뚜엣 스키

□ **nhảy dù** 냐이 주 스카이다이빙

□ **lặn** 란 스쿠버다이빙

□ **trượt tuyết (ván)** 쯔엇 뚜엣 (반) 스노보딩

□ **bơi lội** 버이 로이 수영

□ **leo núi** 레우 누이 등산

□ **thể hình** 태 힝 헬스

단체 스포츠

□ **bóng chày** 봉 차이 야구

Bóng chày là môn thể thao điển hình của Mĩ.

봉 차이 라 몬 테 타오 디엔 힝 구어 미.
야구는 가장 미국적인 스포츠이다.

□ **bóng đá** 봉 다 축구

Bóng đá là môn 'thể thao vua'.

봉 다 라 몬 '테 타오 부어'.
축구를 '테 타오 부어(왕 운동)' 라고도 한다.

□ **bóng rổ** 봉 로 농구

□ **bóng chuyền** 봉 쮀엔 배구

□ **bơi thuyền**
버이 튀엔 래프팅

관련 단어

- **khúc côn cầu** 쿡 곤 거우 하키
- **bóng bàn** 봉 반 탁구

- **dụng cụ thể thao** 중 구 테 타오 운동 기구
- **(quả) bóng đá** (꽈) 봉 다 축구공
- **la-ket** 라-켓 라켓
- **chày** 차이 야구 배트
- **mũ bảo hiểm** 무 바오 히엠 헬멧
- **mặt nạ** 맛 나 마스크
- **găng tay** 강 따이 글러브
- **đệm cầu vai** 뎀 거우 바이 어깨 보호대
- **ván trượt** 반 쯔엇 스케이트
- **giầy leo núi** 저이 레우 누이 등산화
- **cần câu** 건 거우 낚싯대
- **mồi câu** 모이 거우 미끼, 낚싯밥
- **đích đến** 딕 덴 스톱워치
- **đồ lặn** 도 란 잠수복
- **chân vịt** 처인 빗 물갈퀴, 오리발
- **bình oxy** 빙 오씨 산소통
- **mặt nạ dưỡng khí** 맛 나 즈엉 키 수중 호흡기

BỂ BƠI 베 버이 수영장

- ☐ **bơi lội** 버이 로이 **수영**

Bợi ở dòng chảy rất nguy hiểm.

버이 어 종 자이 릿 응위 히엠.

흐르는 물에서 수영하는 것은 위험하다.

- ☐ **khởi động** 커이 동 **스트레칭**

- ☐ **nhảy cầu** 냐이 거우 **다이빙(하다)**
- ☐ **cầu nhảy** 거우 냐이 **다이빙대**

- ☐ **phao bơi** 파오 버이 **튜브**

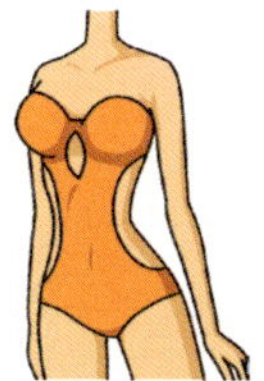

- ☐ **áo bơi** 아오 버이 **수영복**

Trời, không mang áo bơi rồi!

쩌이, 콩 망 아오 버이 로이!

이런, 수영복을 안 가져왔네!

- ☐ **kính bơi** 낑 버이 **물안경**

- bơi tự do 버이 뜨 저 **자유형**
- bơi ếch 버이 엑 **평영**
- bơi bướm 버이 브엄 **접영**
- bơi ngửa 버이 응으어 **배영**

- yêu cầu an toàn 이에우 거우 안 또안 **안전 요원**
- áo phao 아오 파오 **구명조끼**
- chuột rút 추엇 룻 **쥐, 경련**

- cầu trượt 거우 쯔엇 **미끄럼틀**
- làn bơi 란 버이 **(수영장의) 레인**
- mũ bơi 무 버이 **수영 모자**

- giường tắm nắng 즈엉 땀 낭 **일광욕 침대**
- tắm nắng 땀 낭 **선탠**

A: Hôm nay chúng ta sẽ học bơi bướm.
홈 나이 충 따 세 혹 버이 브엄.
오늘 배울 수영 종목은 접영입니다.

B: Có khó không ạ? Em vẫn chưa bơi tự do tốt lắm.
거 커 콩 아? 엠 번 즈어 버이 뜨 저 똣 람.
어렵지 않나요? 아직 자유형도 제대로 못하는데요.

209

PHÒNG TẬP THỂ HÌNH
퐁 떱 테 힝 **헬스클럽**

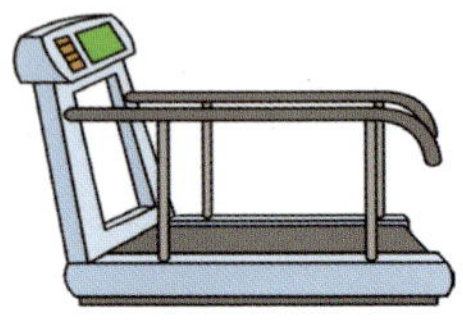

☐ **máy chạy bộ**
마이 자이 보 **러닝머신**

☐ **máy đạp xe** 마이 답 세 **사이클론**

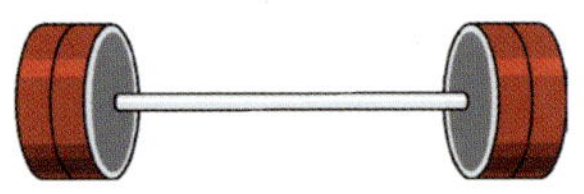

☐ **cử tạ** 그 따 **역기**
Tôi tập cử tạ mỗi sáng.
또이 떱 그 따 모이 상.
나는 아침마다 역기로 운동을 한다.

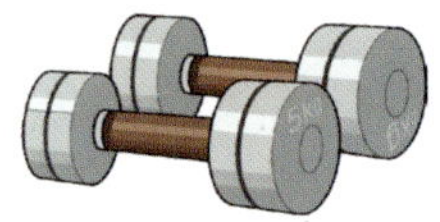

☐ **tạ con** 따 건 **아령**

☐ **huấn luyện viên**
후언 루이엔 비엔 **코치**

Huấn luyện viên đội chúng tôi
rất nghiêm khắc.
후언 루이엔 비엔 도이 충 또이 럿 응이엠 칵.
우리 팀의 코치는 아주 엄격하다.

☐ **đu xà** 두 사 **턱걸이**

Em tôi không đu xà nổi
một lần.
엠 또이 콩 두 사 노이 못 런.
내 동생은 턱걸이를 한번도 못한다.

☐ **chống đẩy** 종 더이 팔굽혀펴기　☐ **gập bụng** 겹 붕 윗몸일으키기

관련 단어

☐ **nâng tạ** 넝 따 역기 들어올리기

☐ **áo thể thao** 아오 테 타오 스포츠 셔츠

☐ **thể dục thẩm mĩ** 테 죽 텀 미 에어로빅

☐ **nhảy dây** 냐이 저이 줄넘기

☐ **luyện tập** 뤼엔 떱 (몸을) 단련하다

☐ **khởi động** 커이 동 준비 운동을 하다

A: Hay chúng mình cùng đi phòng tập đi?
하이 충 밍 궁 디 퐁 떱 디?
우리 같이 헬스클럽에 다니는 건 어떨까?

B: Phiền lắm. Ấy cứ đi đi.
피엔 람. 에이 그 디 디.
난 귀찮아. 너나 다녀.

A: Cứ thế rồi thành lợn cho coi.
그 테 로이 타잉 런 저 거이.
너 그러다가 정말 돼지 된다.

SỞ THÍCH 서틱 **취미**

□ **đọc sách** 독 사익 **독서**

Bọn trẻ có vẻ thích đọc sách nhỉ.
번 쩨 거 베 틱 독 사익 니.
어린아이가 독서를 참 좋아하는구나.

□ **quan sát thiên thể**
관 삿 티엔 테 **천체 관측**

□ **chế tạo mô hình**
제 따오 모 힝 **모형 제작**

□ **thêu thùa**
테우 투어 **자수**

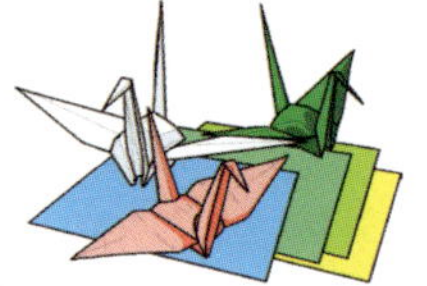

□ **xếp giấy**
쎕 저이 **종이접기**

□ **làm gốm** 람 곰 **도예**

Cái cốc này là tớ học làm gốm
rồi làm đấy.
가이 곡 나이 라 떠 혹 람 곰 로이 람 데이.
이 컵은 내가 도예를 배워서 만든 거야.

□ **đan len** 단 렌 **뜨개질**

Đan len với tớ là rất khó.
단 랜 버이 떠 라 럿 커.
내게는 뜨개질이 정말 어렵다.

- khâu vá 커우 바 바느질
- chụp ảnh 쭙 아인 사진 촬영
- thủ công 투 공 공예
- nấu ăn 너우 안 요리
- sưu tầm tem 스우 떰 뗌 우표 수집
- xếp hình 셉 힝 조각 퍼즐 맞추기
- thư pháp 트 팝 서예
- cờ vây 거 버이 바둑
- cờ tướng 거 뜨엉 장기
- cờ vua 거 부어 체스

A: Sở thích của bạn là gì?
서 틱 구어 반 라 지?
취미가 뭐예요?

B: Tôi thích chụp ảnh.
또이 틱 쭙 아인.
사진 찍는 걸 좋아해요.

A: Sở thích hay nhỉ!
서 틱 하이 니!
좋은 취미를 가지셨네요!

B: Tôi cũng nghĩ vậy.
또이 꿍 응이 버이.
저도 그렇게 생각한답니다.

CHƠI BÀI 저이 바이 카드 게임

□ **ka** 가 킹(K)

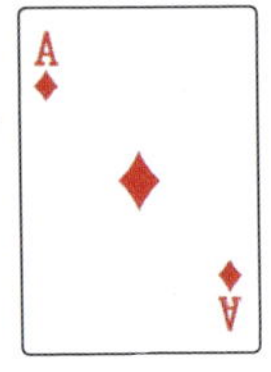

□ **át** 앗 에이스(A)

Anh ấy cầm con át thì phải.
아인 에이 껌 건 앗 티 파이.
그는 에이스를 가지고 있는 것 같다.

□ **quy** 귀 퀸(Q)

□ **joker** 조커 조커(JOKER)

Dù sao cũng phải đánh quân Joker thôi.
주 사오 꿍 파이 다잉 구언 조커 토이.
아무래도 조커를 내야겠네.

□ **ji** 지 잭(J)

□ **rô** 로 다이아몬드(◆)

□ **bích** 빅 스페이드(♠)

□ **cơ** 거 하트(♥)

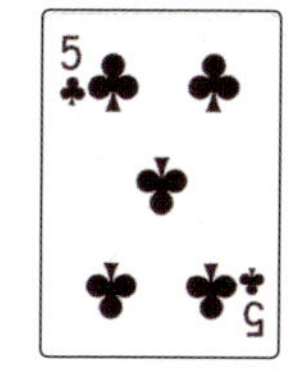
□ **tép** 뗍 클로버(♣)

□ **quân bài** 구언 바이 트럼프

□ **bộ bài** 보 바이 카드 한 벌

□ **đôi** 도이 같은 짝의 패

□ **xáo bài / nháo bài** 사오 바이 / 냐오 바이 (카드를) 섞다

□ **chia bài** 지어 바이 카드를 배분하다

□ **lượt** 르엇 차례

□ **thắng** 탕 이기다

□ **thua** 뛰 지다

□ **cá cược** 가 그억 내기(하다)

A: Chơi bài đi.
저이 바이 디.
우리 카드 게임하자.

B: Tớ không biết chơi.
떠 콩 비엣 저이.
난 못 하는데.

A: Không biết á? Dễ mà. Để tớ dạy cho.
콩 비엣 아? 제 마. 데 떠 자이 저.
그걸 못 한다구? 쉬워. 내가 가르쳐줄게.

215

DU LỊCH 줄릭 여행

□ **tham quan**
탐 관 **관광(하다)**

□ **khách tham quan**
카익 탐 관 **관광객**

Khách tham quan thường đến khu di tích này.
카익 탐 관 트엉 덴 쿠 지 떡 나이.
관광객들은 주로 이 유적지를 찾는다.

□ **ngắm cảnh đêm**
응암 가잉 뎀 **야간 관광**

□ **đài viễn vọng**
다이 비엔 봉 **전망대**

□ **đồ kỉ niệm** 도 기 니엠 **기념품**

Mua đồ kỉ niệm này làm quà cho cậu đấy.
무어 도 기 니엠 나이 람 과 저 거우 데이.
이 기념품은 너 주려고 사온 거야.

□ **tác phẩm nghệ thuật**
딱 펌 응에 투엇 **예술품**

관련 단어

- **công ty du lịch** 꽁 띠 줄릭 여행사
- **đặt trước** 닷 쯔억 예약
- **kì nghỉ** 기 응이 휴가 기간
- **hướng dẫn viên du lịch**
  흐엉 전 비엔 줄릭 가이드, 관광 안내원

- **du lịch trong ngày** 줄릭 쫑 응아이 당일 여행
- **du lịch tập thể** 줄릭 떱 테 단체 여행
- **du lịch bụi** 줄릭 부이 배낭 여행
- **du lịch nước ngoài** 줄릭 느억 응와이 해외 여행
- **đi du thuyền** 디 주 퉈엔 선박 여행
- **say tàu** 사이 따우 뱃멀미
- **xe buýt du lịch** 세 빗 줄릭 관광 버스

- **tour / gói du lịch** 뚜어 / 거이 줄릭 관광 코스
- **nơi nhất định phải đi** 너이 녀잇 딩 파이 디 꼭 가봐야 할 곳
- **di tích lịch sử** 지 띡 릭 스 유적지, 옛터
- **thời gian tự do** 터이 잔 뜨 저 자유 시간

dialogue
hội thoại

A: Từ thứ bảy này là kì nghỉ của tớ. Mình đi du lịch đi?

뜨 트 바이 나이 라 기 응이 구어 떠. 밍 디 줄릭 디?
나 토요일부터 휴가야. 같이 여행 가지 않을래?

B: Tiếc quá, tớ lỡ hẹn đi du lịch với nhà rồi...

띠엑 꽈, 떠 러 핸 디 줄릭 버이 냐 로이...
미안, 난 벌써 가족이랑 가려고 여행사에 예약했는데…

217

TẮM NẮNG 땀낭 **일광욕**

1 ☐ **kính mát** 낑 맛 선글라스

2 ☐ **dù** 주 비치파라솔

3 ☐ **bikini** 비키니 비키니

☐ **kem chống nắng**
껨 종 낭 자외선 차단 크림

☐ **sóng** 송 파도

Tiếng sóng nghe mát quá.
띠엥 송 응에 맛 꽈.
파도 소리가 정말 시원하다.

☐ **vỏ sò** 버 서 조개

Oái, dẫm phải vỏ sò rồi.
오아이, 점 파이 버 서 로이.
아야! 조개 껍질을 밟았어.

- biển 비엔 바다
- bãi biển 바이 비엔 해변
- mặt trời 맛 쩌이 태양
- cát 갓 모래
- chim hải âu 침 하이 어우 갈매기

- bình minh 빙 밍 일출
- mặt trời lặn 맛 쩌이 란 일몰

- bóng 봉 비치볼
- mũ rộng vành 무 롱 바잉 차양 모자
- dầu tắm nắng 저우 땀 낭 선탠오일

A: Da mình cháy ác. Rát quá.
자 밍 자이 악. 랏 꽈.
나 피부가 너무 많이 탔나봐. 따가워.

B: Hay vào trong đi?
하이 바오 쫑 디?
그만 안으로 들어갈까?

A: Ừ, vào đắp mặt nạ dưa chuột mới được.
으, 바오 답 맛 나 즈어 추엇 머이 드억.
그래. 들어가서 오이팩 좀 해야겠어.

Unit 08

TIVI 디비 텔레비전

□ **kênh** 께잉 **텔레비전 채널**

□ **dẫn chương trình**
전 츠엉 찡 **사회자**

□ **diễn viên hài**
지엔 비엔 하이 **개그맨**

□ **truyền hình trực tiếp**
쮀엔 힝 쯕 띠엡 **생중계**

□ **bình luận viên**
빙 루언 비엔 **해설자**

Cái anh bình luận viên này làm mất cả hay.
가이 아인 빙 루언 비엔 나이 람 멋 가 하이.
저 해설자 정말 재미없게 하네.

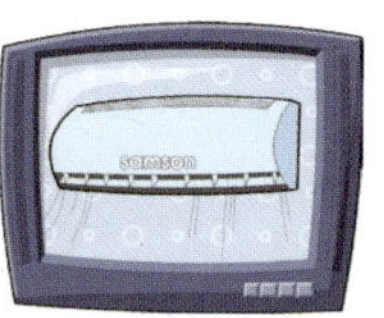

□ **quảng cáo** 꽝 가오 **광고**

Bực quá, sao quảng cáo lắm thế?
븍 꽈, 사오 꽝 가오 람 테?
짜증나, 광고는 왜 이렇게 많아?

- **phương tiện truyền thông** 프엉 띠엔 쮜엔 통 매스컴
- **người xem** 응어이 셈 시청자
- **chương trình** 츠엉 찡 프로그램
- **nhà sản xuất** 냐 산 수엇 프로듀서, PD
- **TV độ nét cao** 디비 도 넷 가오 고화질 TV
- **giờ vàng** 저 방 황금시간대
- **nghệ sĩ** 응에 시 연예인
- **ban nhạc** 반 냑 그룹사운드
- **lồng tiếng** 롱 띠엥 성우
- **ca sĩ** 가 시 가수
- **phim truyền hình / phim dài tập / phim bộ**
  펌 쮜엔 힝 / 펌 자이 떱 / 펌 보 드라마, 연속극
- **chương trình nhất định phải xem**
  츠엉 찡 녀잇 딩 파이 셈 꼭 봐야 하는 것
- **tin độc quyền** 띤 독 궈엔 독점 취재
- **phát sóng** 팟 송 녹화 방송
- **phát lại** 팟 라이 재방송하다

A: **Đến giờ chiếu phim rồi. Chuyển kênh đi.**
덴 저 치에우 펌 로이. 쮜엔 게잉 디.
드라마 할 시간이구나. 채널 좀 돌려봐.

B: **A, không được, em phải xem bóng chày.**
아, 콩 드억, 엠 파이 셈 봉 차이.
아, 안 돼요, 엄마, 야구 봐야 돼요.

PHIM ẢNH 핌 아인 영화

1. ☐ **màn ảnh rộng**
만 아인 롱 영화 스크린

2. ☐ **chỗ ngồi**
조 응오이 좌석

3. ☐ **khách xem phim**
카익 셈 핌 관객

4. ☐ **bỏng ngô**
봉 응오 팝콘

☐ **quầy vé** 구오이 베 매표소
Sao hàng trước quầy vé dài thế?
사오 항 쯔억 구오이 베 자이 테?
매표소 앞에 웬 줄이 저렇게 길지?

☐ **quầy bán đồ ăn**
구오이 반 도 안 매점

☐ **diễn viên nam chính**
지엔 비엔 남 징 남자 주인공

☐ **diễn viên nữ chính**
지엔 비엔 느 징 여자 주인공

□ **đạo diễn** 다오 지엔 감독

□ **bi kịch** 비 긱 비극

Đây là phim bi kịch đấy.
더이 라 핌 비 긱 데이.
이 영화 그야말로 비극적이다.

관련 단어

□ **rạp chiếu phim** 랍 지에우 핌 영화관

□ **vai diễn** 바이 지엔 배역, 역할

□ **phim kinh dị** 핌 깅 지 공포 영화, 스릴러 영화

□ **phim hoạt hình** 핌 홧 힝 만화 영화

□ **phim hài** 핌 하이 코믹 영화

□ **phim hành động** 핌 하잉 동 액션 영화

□ **phim khoa học kĩ thuật** 핌 콰 혹 기 투엇 공상 과학 영화

□ **phim người lớn** 핌 응어이 런 성인 영화

□ **phim khiêu dâm** 핌 키에우 점 에로 영화

A: **Đi xem phim đi.**
디 셈 핌 디.
우리 영화 보러 가자.

B: **Có phim kinh dị nào hoành tí không?**
거 핌 깅 지 나오 화인 띠 콩?
뭐 오싹한 공포 영화 하니?

A: **Không, mình định đi xem phim hài cơ...**
콩, 밍 딩 디 셈 핌 하이 거...
아니, 난 코믹 영화 보려고 하는데….

223

BUỔI BIỂU DIỄN 부오이 비에우 지엔 **연주회**

☐ **dàn nhạc giao hưởng**
잔 냑 자오 흐엉 **관현악단**

☐ **nhạc trưởng**
냑 쯔엉 **지휘자**

☐ **gậy chỉ huy**
거이 지 휘 **지휘봉**

☐ **bục chỉ huy**
북 지 휘 **지휘대**

☐ **nhạc phổ**
냑 포 **악보**

☐ **vi-ô-lông**
비-올-롱 **바이올린**

☐ **cel-lô**
셀-로 **첼로**

☐ **kèn trombone**
겐 트럼본 **트롬본**

☐ **piano**
피아노 **피아노**

☐ **kèn trompet**
겐 트럼펫 **트럼펫**

☐ **tay trống** 따이 쫑 드러머   ☐ **tay ghita** 따이 기따 기타리스트

☐ **trống** 쫑 드럼   ☐ **ghita** 기따 기타

Tay ghita kia có ngón đàn thật điệu nghệ.
따이 기따 기어 거 응언 단 텃 디에우 응에.
저 기타리스트 손놀림이 정말 화려하다.

관련 단어

☐ **nhạc sĩ** 냑 시 음악가, 뮤지션

☐ **opera** 오페라 오페라

☐ **bản giao hưởng** 반 자오 흐엉 교향곡, 심포니

☐ **tứ tấu đàn dây** 뜨 떠우 단 저이 현악사중주

☐ **phục trang** 푹 짱 앙상블

☐ **viola** 비올라 비올라

A: Oa, buổi diễn tuyệt quá.
와, 부오이 지엔 뚜옛 과.
야, 멋진 공연이었어.

B: Ừ, người chơi vi-ô-lông thật tuyệt.
으, 응어이 저이 비-올-롱 텃 뚜옛.
그렇지. 바이올린 연주자 정말 대단하더라.

A: Người chơi piano cũng rất 'đỉnh' nhé.
응어이 저이 피아노 꿍 럿 '딩' 내.
피아노 연주도 훌륭했잖아.

CÔNG VIÊN TRÒ CHƠI

공 비엔 쩌 저이 **놀이공원**

☐ **bách thảo** 바익 타오 **동물원**

☐ **bóng bay** 봉 바이 **풍선**

☐ **chú hề** 주 헤 **어릿광대**

Xem chú hề nhảy kìa.
셈 주 헤 냐이 기어.
저 어릿광대 춤추는 거 봐.

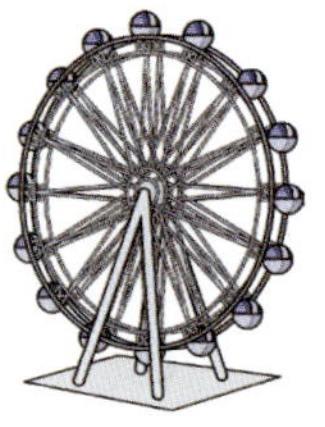

☐ **đu quay** 두 구아이 **회전 관람차**

Chúng mình đi đu quay đi.
충 밍 디 두 구아이 디.
우리 회전 관람차도 타볼까?

☐ **tàu lượn siêu tốc**
따우 르언 시에우 똑 **롤러코스터**

☐ **vòng quay ngựa gỗ**
봉 구아이 응으어 고 **회전 목마**

□ **cửa hàng** 그어 항 **매점** □ **kẹo bông** 게우 봉 **솜사탕**

Mẹ ơi, con muốn ăn kẹo bông.
메 어이, 건 무언 안 게우 봉.
엄마, 나 솜사탕 먹고 싶어.

관련 단어

□ **quầy hướng dẫn** 구오이 흐엉 전 **안내소**

□ **xe** 세 **탈것**(통틀어서 말함)

□ **cáp treo** 갑 쩨우 **케이블카**

□ **xe đụng** 세 둥 **범퍼카**

□ **những thứ để xem** 능 트 데 셈 **구경거리**

□ **xiếc thú** 시엑 투 **물개 쇼**

□ **vườn thảo mộc** 브언 타오 목 **식물원**

□ **cầu trượt** 거우 쯔엇 **미끄럼틀**

□ **xích đu** 식 두 **그네**

□ **cửa vào** 그어 바오 **입구**

□ **cửa ra** 그어 라 **출구**

1 다음 단어를 베트남어 혹은 우리말로 고쳐 보세요.

a) 볼링 __________   수영 __________   낚시 __________

   탁구 __________   스카이다이빙 __________

b) 축구 __________   야구 __________   농구 __________

   배구 __________   스케이트 __________

c) chày __________   mũ bảo hiểm __________

   la-ket __________   mặt nạ __________

   găng tay __________

d) 자유형 __________   튜브 __________   물안경 __________

   수영복 __________   스트레칭 __________

2 다음 보기에서 단어를 골라 빈칸에 써넣어 보세요.

a) chống đẩy   gập bụng   đu xà   máy chạy bộ
   cử ta
b) thêu thùa   đan len   đọc sách   làm gốm
   nấu ăn
c) cá cược   lượt   thắng   xáo bài   thua

a) 턱걸이 __________   윗몸일으키기 __________

   러닝머신 __________   팔굽혀펴기 __________   역기 __________

b) 뜨개질 __________   요리 __________   자수 __________

   독서 __________   도예 __________

c) 내기 _________   이기다 _________   지다 _________

차례 _________   (카드를) 섞다 _________

3 다음 그림과 단어를 연결해 보세요.

đài viễn vọng   ngắm cảnh
đêm   tham quan   khách tham
quan

4 다음 빈칸에 알맞은 베트남어를 써넣어 보세요.

a) 내가 가장 좋아하는 개그맨은 신동엽이다.

_________ tôi thích nhất là Shin Dongyeop.

b) TV 광고는 상당히 효과적이다.

_________ qua TV rất có hiệu quả.

c) 나는 액션 영화를 좋아한다.

Tôi thích _________.

d) 요즘은 영화를 DVD로 본다.

Dạo này tôi xem _________ bằng đầu DVD.

5 다음 단어를 베트남어 혹은 우리말로 고쳐 보세요.

a) 바이올린 __________   nhạc trưởng __________

기타 __________   피아노 __________

nhạc phổ __________

b) 풍선 __________   동물원 __________

솜사탕 __________   chú hề __________

vòng quay ngựa gỗ __________

1 a) bowling   bơi lội   câu cá   bóng bàn   nhảy dù
   b) bóng đá   bóng chày   bóng rổ   bóng chuyền   ván trượt
   c) 야구 배트   헬멧   라켓   마스크   글러브
   d) bơi tự do   phao bơi   kính bơi   áo bơi   khởi động

2 a) đu xà   gập bụng   máy chạy bộ   chống đẩy   cử tạ
   b) đan len   nấu ăn   thêu thùa   đọc sách   làm gốm
   c) cá cược   thắng   thua   lượt   xáo bài

3 관광객 – khách tham quan   관광(하다) – tham quan
   야간 관광 – ngắm cảnh đêm   전망대 – đài viễn vọng

4 a) diễn viên hài   b) quảng cáo   c) phim hành động   d) phim

5 a) vi-ô-lông   지휘자   ghita   piano   악보
   b) bóng bay   bách thảo   kẹo bông   어릿광대   회전 목마

Theme 9

→ **TỰ NHIÊN** 뜨 니엔 자연

ĐỘNG VẬT 동벗 **동물**

□ (con) ngựa
(건) 응으어 **말**

□ (con) hổ
(건) 호 **호랑이**

□ (con) cáo
(건) 가오 **여우**

□ (con) ngựa vằn
(건) 응으어 반 **얼룩말**

□ (con) voi
(건) 보이 **코끼리**

□ (con) gấu
(건) 거우 **곰**

□ (con) lạc đà
(건) 락 다 **낙타**

□ (con) hươu cao cổ
(건) 흐어우 가오 고 **기린**

□ (con) hươu
(건) 흐어우 **사슴**

□ **(con) chó sói**
(건) 저 서이 **늑대**

Chó sói là loài sống 1 vợ 1 chồng.
저 서이 라 로아이 송 못 버 못 종.
늑대는 일부일처 하는 동물이래.

□ **(con) khỉ**
(건) 키 **원숭이**

□ **(con) chó**
(건) 저 **개**

□ **(con) mèo**
(건) 메우 **고양이**

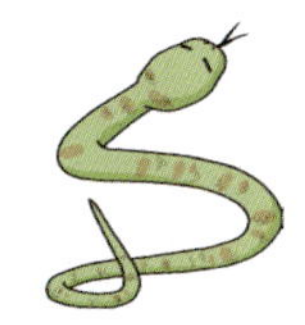

□ **(con) rắn**
(건) 란 **뱀**

□ **(con) lợn**
(건) 런 **돼지**

□ **(con) thỏ**
(건) 터 **토끼**

□ **(con) cá sấu**
(건) 가 서우 **악어**

□ **(con) dơi**
(건) 저이 **박쥐**

Dơi là loài động vật có vú.
저이 라 로아이 동 벗 거 부.
박쥐는 포유동물이다.

233

관련 단어

- □ (con) chuột ⁽껀⁾ 추엇 쥐
- □ (con) bò ⁽껀⁾ 버 소
- □ (con) bò sữa ⁽껀⁾ 버 스어 젖소
- □ (con) hamster ⁽껀⁾ 함스터 햄스터
- □ (con) gozilla ⁽껀⁾ 고질라 고릴라
- □ (con) gấu trúc ⁽껀⁾ 거우 쭉 팬더
- □ (con) hà mã ⁽껀⁾ 하 마 하마
- □ (con) sư tử ⁽껀⁾ 스뜨 사자

- □ móng vuốt 몽 부엇 (짐승의) 발톱
- □ sừng 승 뿔
- □ đuôi 두오이 꼬리
- □ móng 몽 발굽
- □ bờm 범 (사자, 말 등의) 갈기

dialogue
hội thoại

A: Nhìn con gấu kia kìa!
닌 껀 거우 기어 기어!
저 곰 좀 봐!

B: Oa, con to nhất từ nãy đến giờ đấy!
와, 껀 떠 녀잇 뜨 나이 덴 저 데이!
우와, 지금까지 본 중에 가장 큰 곰이야!

LOÀI LÔNG VŨ 로아이 롱 부 **조류**

☐ **quạ** 꽈 **까마귀**

☐ **chim bồ câu**
침 보 거우 **비둘기**

Đừng cho chim bồ câu ăn.
등 저 침 보 거우 안.
비둘기에게 먹이를 주지 마세요.

☐ **thiên nga**
티엔 응아 **백조**

☐ **chim sẻ** 침 세 **참새**

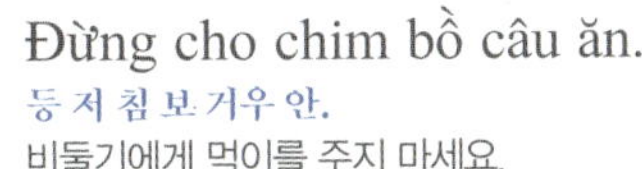

☐ **chim ưng** 침 응 **매**

☐ **chim én** 침 엔 **제비**

☐ **chim đại bàng**
침 다이 방 **독수리**

☐ **chim hải âu**
침 하이 어우 **갈매기**

□ **con vẹt** 건 벳 앵무새

□ **gà mái** 가 마이 암탉

□ **gà trống** 가 쫑 수탉

□ **đà điểu** 다 디에우 타조

□ **sơn ca** 선 가 종달새

□ **hạc** 학 학, 두루미

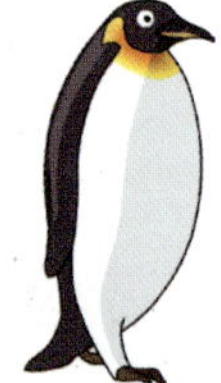

□ **chim cánh cụt** 침 가인 굿 펭귄
Không có chim cánh cụt ở Bắc Cực.
콩 거 침 가잉 굿 어 박 극.
북극에는 펭귄이 없대요.

□ **chim cú** 침 구 부엉이

- **chim khách** 침 카익 까치
- **vịt** 빗 오리
- **ngỗng** 응옹 기러기
- **gà** 가 닭

- **chim di trú** 침 지 쭈 철새

- **lông vũ** 롱 부 깃털
- **mỏ** 머 (새의) 부리
- **móng vuốt** 몽 부엇 (동물의) 갈고리 발톱
- **lông đuôi** 롱 두오이 (조류의) 꼬리털, 꽁지
- **cánh** 가잉 날개
- **tổ chim** 또 침 둥지

A: **Gà trống có lông đuôi dài còn gà mái lông đuôi ngắn.**
가 쫑 거 롱 두오이 자이 건 가 마이 롱 두오이 응안.
수탉은 꽁지가 길고, 암탉은 꽁지가 짧단다.

B: **Thế à, giờ tớ mới biết đấy.**
테 아, 저 떠 머이 비엣 데이.
아, 그렇군요. 지금까지 몰랐어요.

237

CÔN TRÙNG 곤충 곤충

☐ **(con) ong** (껀) 옹 벌

☐ **nhện** 녠 거미

☐ **ruồi** 루오이 파리

☐ **kiến** 기엔 개미

Kiến có cánh gọi là kiến cánh.

기엔 거 가잉 거이 라 기엔 가잉.
날개가 달린 개미는 수캐미란다.

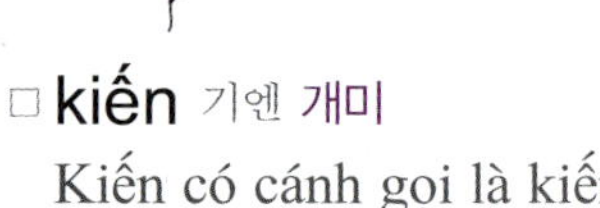

☐ **ngài** 응아이 나방

☐ **bướm**
브엄 나비

☐ **chuồn chuồn**
추언 추언 잠자리

☐ **châu chấu**
처우 처우 메뚜기

☐ **bọ cánh cứng**
버 가잉 끙 사슴벌레

☐ **bọ dừa**
버 즈어 무당벌레

□ **đom đóm**
덤 덤 개똥벌레

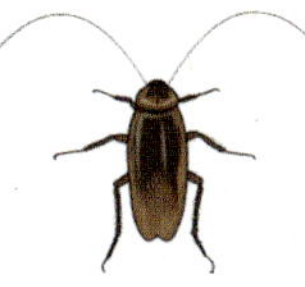

□ **gián** 잔 바퀴벌레

Gián thích những nơi tối tăm ẩm ướt.
잔 틱 능 너이 또이 땀 엄 으엇.
바퀴벌레는 습하고 어두운 곳을 좋아한다.

□ **cào cào**
가오 가오 귀뚜라미

□ **muỗi** 무오이 모기

Bị muỗi đốt rất ngứa.
비 무오이 돗 럿 응어.
모기에 물려서 너무 가렵다.

🔘 관련 단어

□ **con bọ** 건 버 딱정벌레

□ **con sâu** 건 서우 지렁이

□ **trứng** 쯩 알

□ **sâu non** 서우 넌 애벌레

□ **con nhộng** 건 뇽 번데기

□ **con trùng** 건 충 성충

□ **cánh bướm** 가잉 브엄 더듬이

□ **đầu** 더우 두부, 머리 부분

□ **ngực** 응윽 흉부, 가슴 부분

□ **bụng** 붕 복부, 배 부분

□ **gai / kim** 가이 / 김 (곤충 등의) 침, 가시

CÁ · SINH VẬT BIỂN
가·싱 벗 비엔 **어류·해양 생물**

□ **cá thu** 가투 고등어

□ **cá ngừ** 가응으 참치

Tôi thích ăn canh Kimchi
bỏ cá ngừ.
또이 틱 안 가잉 김치 버 가응으.
난 참치를 넣은 김치찌개가 좋아.

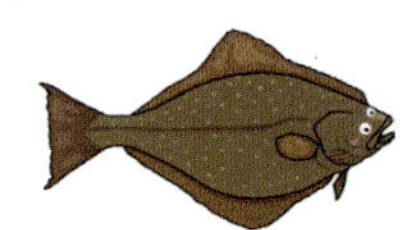

□ **cá chim** 가 침 광어

□ **cá mập** 가 멉 상어

□ **cá chép** 가 젭 잉어

□ **cá bơn** 가 번 송어

□ **cá mồi** 가 모이 정어리

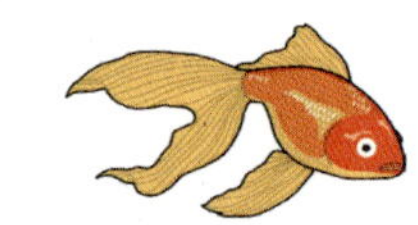

□ **cá vàng** 가 방 금붕어

Cá vàng là cá cảnh.
가 방 라 가 가잉.
금붕어는 관상용 물고기이다.

□ **cá hồi** 가 호이 연어

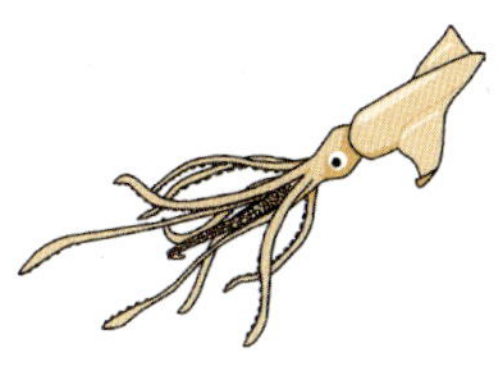

□ **mực** 믁 오징어

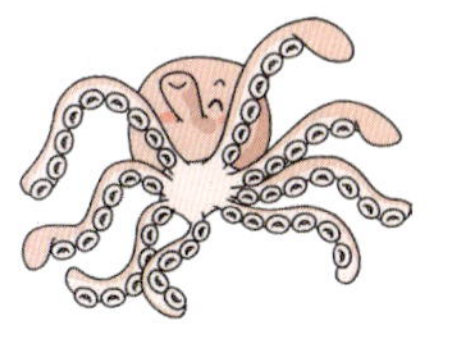

□ **bạch tuộc** 바익 뚜억 문어

□ **cua bể** 구어 베 바닷가재

□ **cua** 구어 게

□ **cá voi** 가 보이 고래

□ **sò** 서 굴

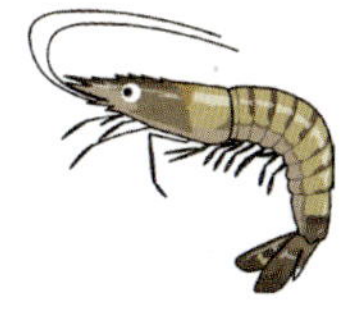

□ **tôm** 똠 새우

Tôm cũng sống cả ở nước ngọt.
똠 꿍 송 가 어 느억 응엇.
새우는 민물에서도 산다.

□ **rùa** 루어 거북

Rùa là loài sống lâu tiêu biểu.
루어 라 로아이 송 러우 띠에우 비에우.
거북은 대표적 장수 동물이다.

관련 단어

- **cá tuyết** 가 뚜엣 대구
- **lươn** 르언 장어
- **ngao** 응아오 대합
- **nghêu** 응에우 전복
- **dưa chuột biển** 즈어 추엇 비엔 해삼

- **sao biển** 사오 비엔 불가사리
- **rong biển** 롱 비엔 김
- **tảo biển** 따오 비엔 다시마

- **vảy cá** 바이 가 (물고기의) 비늘
- **vây cá** 버이 가 지느러미
- **đuôi cá** 두오이 가 꼬리지느러미
- **mang cá** 망 가 아가미
- **màng** 망 물갈퀴

A: **Cá này là cá gì thế?**
가 나이 라 가 지 테이?
이 물고기의 이름은 뭐예요?

B: **Cá bơn đấy.**
거 번 데이.
그건 송어란다.

HOA QUẢ 화과 **과일**

□ **chanh** 차잉 **레몬**

Chanh có nhiều acid citric.
차잉 거 니에우 아싯 시트릭.
레몬에는 구연산이 많대요.

□ **dưa hấu** 즈어 허우 **수박**

Được ăn một miếng dưa hấu
mát thì...
드억 안 못 미엥 즈어 허우 맛 티...
시원한 수박 한 조각 먹었으면….

□ **táo** 따오 **사과**

□ **nho** 녀 **포도**

□ **lê** 레 **배**

□ **đào** 다오 **복숭아**

□ **quýt** 귓 **귤**

□ **dâu tây** 저이 떠이 **딸기**

□ **chuối** 주오이 바나나
Chuối rất nhanh hỏng nhé.
주오이 럿 냐인 홍 내.
바나나는 정말 빨리 변하는 과일이다.

□ **mận** 먼 살구
Bánh mì phải ăn với mứt mận.
바잉 미 파이 안 버이 믓 먼.
식빵에 살구잼을 발라 먹어야겠다.

□ **hồng** 홍 감

□ **dứa** 즈어 파인애플

□ **cam** 깜 오렌지

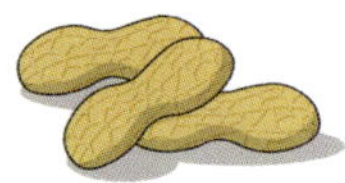

□ **củ lạc / đậu phộng**
구 락 / 더우 퐁 땅콩

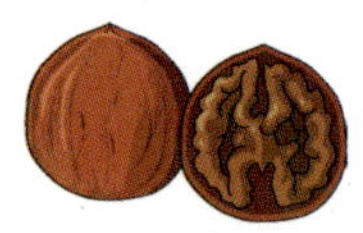

□ **quả hồ đào**
과 호 다오 호두

□ **hạt dẻ** 핫 제 밤

- **mơ** 머 자두
- **dưa lưới** 즈어 르어이 멜론
- **kiwi** 키위 키위
- **xoài** 소아이 망고
- **quả sung** 과 숭 무화과
- **táo tầu** 따오.떠우 대추
- **quả hạnh nhân** 과 하잉 녀인 아몬드
- **quả thông** 과 통 잣
- **nho khô** 녀 코 건포도

A: **Quả mơ rất tốt cho bệnh táo bón đấy.**
과 머 럿 똣 저 베잉 따오 번 데이.
자두가 변비에 좋은 과일이래.

B: **Thật à? Tớ tưởng chỉ táo thôi chứ.**
텃 아? 떠 뜨엉 지 따오 토이 즈.
그래? 난 사과만 생각했는데.

A: **Quả nào mà chẳng tốt.**
과 나오 마 장 똣.
하긴 과일이라면 거의 다 좋겠지.

THỰC VẬT 특벗 **식물**

□ **lá cây**
라 거이 **잎**

□ **cành cây**
가인 거이 **나뭇가지**

□ **gốc cây**
곡 거이 **나이테**

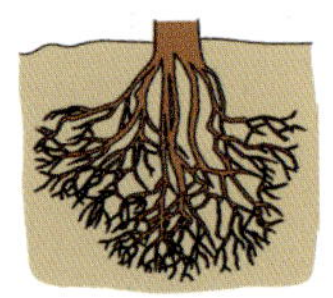

□ **rễ cây**
레 거이 **나무 뿌리**

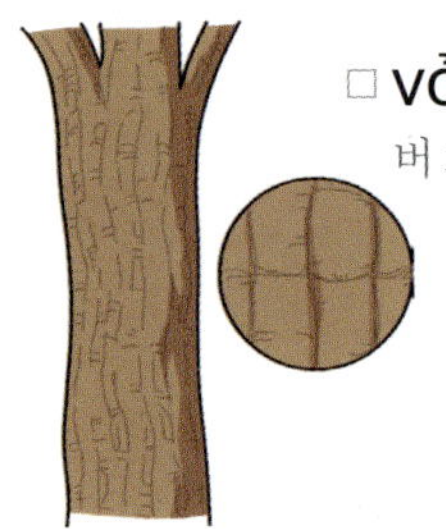

□ **vỏ cây**
버 거이 **나무 껍질**

□ **thân cây**
턴 거이 **나무 줄기**

□ **quả** 과 **열매**

□ **hạt giống**
핫 종 **씨앗**

□ **mầm cây**
멈 거이 **싹, 봉오리**

□ **dây leo**
저이 레우 **줄기**

□ **cây ngân hạnh** 거이 응어인 하잉 은행나무

Ngân hạnh mùa thu thật đẹp.
응어인 하잉 무어 투 텃 뎁.
가을의 은행나무는 정말 아름답다.

□ **cây sồi** 거이 소이 떡갈나무

Quả sồi là quả cây sồi.
과 소이 라 과 거이 소이.
도토리는 떡갈나무의 열매란다.

□ **cây dừa** 거이 즈어 야자수

□ **cây thông** 거이 통 소나무

 **관련 단어**

□ **cây liễu** 거이 리에우 버드나무

□ **cây tre** 거이 쩨 대나무

□ **cây hạt dẻ** 거이 핫 제 밤나무

□ **cây tiêu huyền** 거이 띠에우 후이엔 플라타너스

□ **cây dương** 거이 즈엉 포플러

□ **cây phong** 거이 퐁 단풍나무

HOA 화 꽃

□ **hoa hồng**
화 홍 장미

□ **hoa bách hợp**
화 바익 헙 백합

□ **hoa hướng dương**
화 흐엉 즈엉 해바라기

□ **hoa iris**
화 아이리스 붓꽃

□ **hoa nhạn**
화 냔 제비꽃

□ **hoa sương**
화 스엉 안개꽃

□ **hoa bồ công anh**
화 보 공 아인 민들레

□ **hoa bìm bìm**
화 빔 빔 나팔꽃

□ **hoa lan**
화 란 난초

☐ **hoa tulip**
화 뚜립 튤립

Nhắc đến hoa tulip là nghĩ ngay đến Hà Lan.
낙 덴 화 뚜립 라 응이 응아이 덴 할 란.
튤립 하면 네덜란드가 생각난다.

☐ **hoa cúc**
화 국 국화

Có rất nhiều loại hoa cúc.
거 럿 니에우 로아이 화 국.
국화의 종류도 무척 다양하다.

☐ **hoa sen**
화 센 연꽃

☐ **hoa jintallae**
화 진달래 진달래

☐ **xương rồng**
스엉 롱 선인장

관련 단어

☐ **hoa mẫu đơn** 화 머우 던 모란

☐ **hoa genari** 화 개나리 개나리

☐ **hoa lau** 화 라우 갈대

☐ **hoa sậy** 화 서이 억새

☐ **cỏ dại** 거 자이 잡초

☐ **cánh hoa** 가잉 화 꽃잎

☐ **mầm hoa** 멈 화 꽃봉오리

☐ **phấn hoa** 펀 화 꽃가루

☐ **ý nghĩa của hoa** 이 응이어 꾸어 화 꽃말

249

RAU XANH 라우 사잉 **채소**

□ **củ cải** 구 가이 **무**

□ **cà rốt** 가 롯 **당근**

Có biết ngựa thích cà rốt không?
거 비엣 응어 틱 가 롯 콩?
말이 당근 좋아하는 거 알지?

□ **dưa chuột**
즈어 추엇 **오이**

□ **tỏi** 또이 **마늘**

□ **hành hoa**
하잉 화 **파**

□ **hành tây** 하잉 떠이 **양파**

□ **khoai tây**
콰이 떠이 **감자**

□ **đậu** 더우 **콩**

□ **rau chân vịt** 라우 처인 핏 **시금치**

Có thật Popyey thích rau chân vịt không?
거 텃 팝파이 틱 라우 처인 빗 콩?
뽀빠이는 정말 시금치를 좋아했을까?

□ **khoai lang**
콰이 랑 **고구마**

□ **bắp cải** 밥 가이 양상추

□ **bí đao** 비 다오 호박

□ **ớt chuông**
엇 추웡 피망

□ **nấm** 넘 버섯

□ **cà chua** 가 춰 토마토

Cà chua là quả hay rau không quan trọng.
가 춰 라 과 하이 라우 콩 관 쫑.
토마토가 채소인가 과일인가는 중요하지 않아.

□ **ớt** 엇 고추

Ớt nhỏ rất cay.
엇 녀 럿 카이.
작은 고추가 정말 맵네.

🔵 **관련 단어**

□ **cải thảo** 가이 타오 배추

□ **xà lách** 사 라익 상추

□ **xúp lơ** 숩 러 브로콜리

□ **cà tím** 가 띰 가지

□ **ngó sen** 응어 쎈 연근

□ **gừng** 긍 생강

□ **giá đỗ** 자 도 콩나물

□ **mầm giá** 멈 자 숙주나물

PHONG CẢNH 퐁 가잉 **풍경**

□ **hồ nước**
호 느억 **호수**

□ **thác nước**
탁 느억 **폭포**

□ **khe núi**
캐 누이 **계곡**

□ **cao nguyên**
가오 응우엔 **고원**

□ **đèo / đồi núi**
대우 / 도이 누이 **언덕, 구릉**

□ **hang động**
항 동 **동굴**

□ **sông**
송 **강**

□ **suối**
수오이 **개울**

□ **vách đứng**
바익 등 **절벽**

□ **dốc**
족 **(산)비탈**

□ **rừng**
릉 **숲**

□ **thảo nguyên**
타오 응우엔 **초원**

□ núi
누이 산

□ núi lửa
누이 르어 화산

□ tảng đá
땅 다 바위

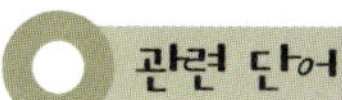 관련 단어

□ **sa mạc** 사 막 사막

□ **bãi cát trắng** 바이 갓 짱 백사장

□ **lòng chảo** 롱 차오 분지

□ **đường chân trời** 드엉 처인 쩌이 지평선

□ **vạch đường biển** 바익 드엉 비엔 수평선

□ **đông tây nam bắc** 동 떠이 남 박 동서남북

□ **bắc** 박 북

□ **tây** 떠이 서

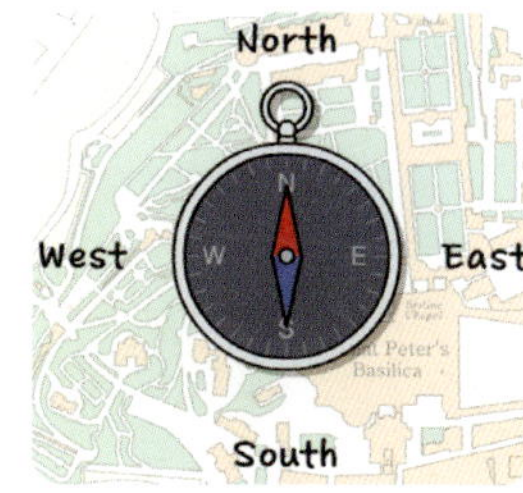

□ **đông** 동 동

□ **nam** 남 남

THỜI TIẾT 터이 띠엣 **날씨**

☐ **ngày đẹp trời**
응아이 뎁 쩌이 **맑은 날**

☐ **mây** 머이 **구름**

☐ **gió** 저 **바람**

☐ **mưa** 므어 비
☐ **hồng thủy**
홍 튀 **홍수**

☐ **tuyết** 뚜엣 눈

☐ **cầu vồng**
거우 봉 **무지개**

☐ **chớp** 접 **번개**

☐ **sương mù**
스엉 무 **안개**

☐ **giọt gianh**
젓 자잉 **고드름**

관련 단어

- **bầu trời** 버우 쩌이 하늘
- **mưa tuyết** 므어 뚜엣 진눈깨비
- **mưa đá** 므어 다 우박
- **mưa rào** 므어 라오 소나기
- **sương giá** 스엉 자 서리
- **băng** 방 얼음
- **mưa bão** 므어 바오 폭풍우
- **sấm sét** 섬 셋 천둥
- **hạn hán** 한 한 가뭄
- **ngày u ám** 응아이 우 암 흐린 날

- **gió thổi** 저 토이 바람이 불다
- **nhiều mây** 니에우 머이 구름이 많다
- **sương giăng** 스엉 장 안개가 끼다
- **mưa rơi** 므어 러이 비가 내리다
- **tuyết rơi** 뚜엣 러이 눈이 내리다
- **ẩm ướt** 엄 으엇 습하다
- **hanh khô** 하인 코 건조하다

A: **Quanh hồ này lúc nào cũng có sương.**
구안 호 나이 룩 나오 꿍 거 스엉.
이 호수 주변은 항상 안개가 끼어 있네.

B: **Chắc thế nên đi qua đây thấy cứ run run.**
짝 테 넨 디 꽈 더이 터이 끄 룬 룬.
그래서 그런지 여기를 지나가려면 좀 으스스하더라.

255

VẬT CHẤT 벗 칫 물질

□ **kim loại**
김 로아이 **금속**

□ **dầu**
저우 **기름**

□ **than**
탄 **석탄**

□ **đất** 덧 **토양**

Đất đang dần trở nên
ô nhiễm.
덧 당 전 쩌 넨 오 니엠.
토양은 점점 오염되고 있다.

□ **điện** 디엔 **전기**

Nếu điện không được phát
minh thì...
네우 디엔 콩 드억 팟 밍 티...
전기가 발명되지 않았더라면….

□ **chất lỏng**
첫 롱 **액체**

□ **thể khí**
테 키 **기체**

□ **thể rắn**
테 란 **고체**

□ **lửa**
르어 **불**

□ **ánh sáng**
아인 상 **빛**

□ **nhiệt**
니엣 **열**

□ **khói** 코이 **연기**

Có một thời khói nhà máy là biểu tượng của thời hiện đại đấy.
거 못 터이 커이 냐 마이 라 비에우 뜨엉 구어 터이 히 엔 다이 데이.
한때 공장 굴뚝의 연기는 근대화의 상징이었지.

□ **nước** 느억 **물**

Nước máy có uống được không?
느억 마이 거 우엉 드억 콩?
수돗물을 그냥 먹어도 되나요?

관련 단어

- □ **vàng** 방 **금**
- □ **bạc** 박 **은**
- □ **đồng** 동 **동**
- □ **thép** 텝 **철**
- □ **hơi nước** 허이 느억 **증기**
- □ **âm thanh** 엄 타잉 **소리**
- □ **lực** 록 **힘**

257

MÀU SẮC 마우 삭 색

☐ **màu đen**
마우 덴 **검은색**

☐ **màu ghi**
마우 기 **회색**

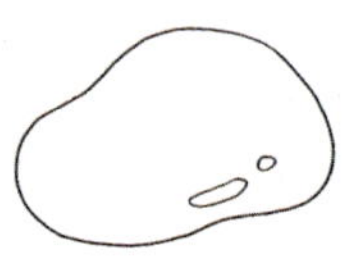

☐ **màu trắng**
마우 짱 **흰색**

☐ **màu đỏ**
마우 더 **빨간색**

☐ **màu xanh lam**
마우 사잉 람 **파란색**

☐ **màu vàng**
마우 방 **노란색**

☐ **màu nâu**
마우 너우 **갈색**

☐ **màu xanh lục**
마우 사잉 룩 **녹색**

☐ **màu tím**
마우 띰 **보라색**

□ **màu hồng**
마우 홍 **분홍색**

□ **màu da cam**
마우 자 감 **주황색**

□ **màu xanh tím than**
마우 사잉 띰 탄 **짙은 청색**

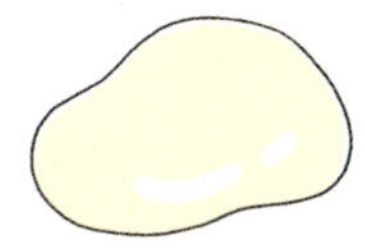

□ **màu ngà voi**
마우 응아 보이 **상아색**

□ **màu be** 마우 배 **베이지색**

Cô gái mặc quần màu be thì sao?
고 가이 막 구언 마우 베 티 사오?
베이지색 바지 입은 저 여자 어때?

□ **màu bạc** 마우 박 **은색**

Tòa nhà màu bạc kia mới xây đấy.
또아 냐 마우 박 기어 머이 서이 데이.
저 은색 건물 새로 지었구나.

A: Bạn thích màu gì?
반 틱 마우 지?
무슨 색을 좋아하세요?

B: Mình thích màu tím và xanh lam.
밍 틱 마우 띰 바 사잉 람.
보라색이랑 파란색을 좋아해요.

VŨ TRỤ 부추 우주

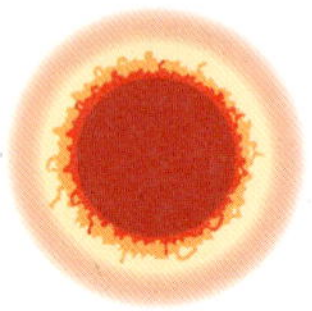

□ **mặt trời** 맛 쩌이 해, 태양

□ **hành tinh** 하잉 띵 행성, 혹성

□ **sao** 사오 별

□ **mặt trăng**
맛 짱 달

□ **sao băng**
사오 방 유성

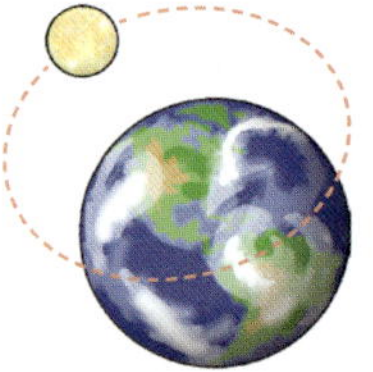

□ **trái đất** 짜이 덧 지구

Tương lai trái đất sẽ ra sao?
뜨엉 라이 짜이 덧 세 라 사오?
지구의 미래는 어떻게 될까?

□ **trăng khuyết**
짱 쿠엣 초승달

□ **bán nguyệt**
반 응우엣 반달

□ **trăng tròn**
짱 쩐 보름달

□ **dải ngân hà** 자이 응어인 하 은하계

□ **hệ mặt trời** 헤 맛 쩌이 태양계

□ **sao kim** 사오 김 금성

□ **sao hỏa** 사오 화 화성

□ **sao chổi** 사오 조이 혜성

□ **định tinh** 딩 띵 항성

□ **vệ tinh** 베 띵 위성

□ **nhật thực** 녀잇 특 일식

□ **nguyệt thực** 응우엣 특 월식

□ **trăng cuối tháng** 짱 구오이 탕 그믐달

□ **thiên văn học** 티엔 반 혹 천문학

□ **khoa học kĩ thuật** 콰 혹 기 투엇 과학 기술

□ **phi hành gia vũ trụ** 피 하잉 자 부 추 우주 비행사

□ **tàu vũ trụ** 따우 부 추 우주 왕복선

□ **vật thể bay không xác định / UFO**
벗 테 바이 콩 싹 딩 / 우포 미확인 비행 물체, UFO

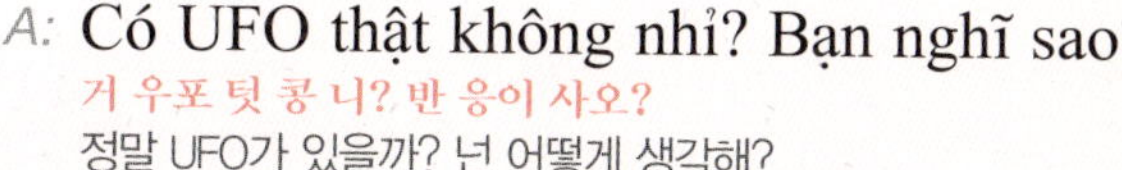

A: **Có UFO thật không nhỉ? Bạn nghĩ sao?**
거 우포 텃 콩 니? 반 응이 사오?
정말 UFO가 있을까? 넌 어떻게 생각해?

B: **Để xem đã, cũng có thể có... chẳng biết nữa.**
데 셈 다, 꿍 거 테 거... 장 비엣 느어.
글쎄, 있을 것 같기도 하고…. 잘 모르겠어.

A: **Mình nghĩ là có. Có cả các chứng cớ còn gì.**
밍 응이 라 거, 거 가 각 즁 거 건 지.
난 있을 거 같아. 여러 가지 증거들도 있잖아.

TRÁI ĐẤT 짜이 덧 지구

lục địa / đất liền
룩 디어 / 넛 리엔 육지

☐ đại dương
다이 즈엉 대양

☐ đảo 다오 섬

☐ biển 비엔 바다

☐ đại lục
다이 룩 대륙

☐ dãy núi
자이 누이 산맥

☐ vịnh 빙 만

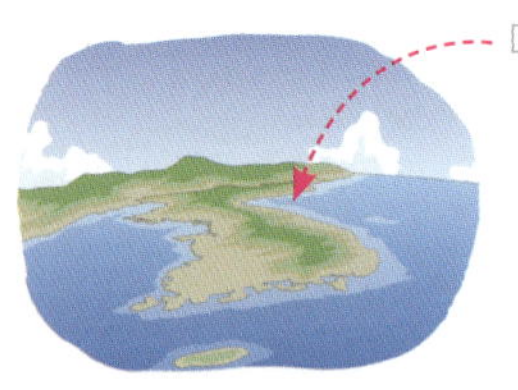

☐ bán đảo
반 다오 반도

☐ Bắc Cực
박 극 북극

☐ Nam Cực
남극 남극

□ **vĩ độ**

비 도 **위도**

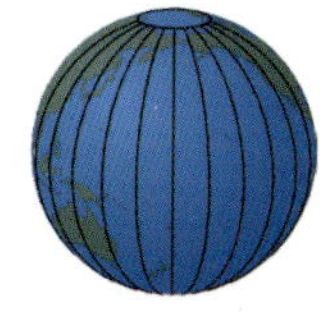

□ **kinh độ**

낑 도 **경도**

□ **đường xích đạo**

드엉 식 다오 **적도**

□ **sa mạc**

사 막 **사막**

□ **bầu khí quyển**

버우 키 구이엔 **대기**

□ **eo biển**

에우 비엔 **해협**

A: Trái đất giờ nơi đâu cũng thấy động đất với sóng thần nhỉ. Nghiêm trọng đấy.

짜이 덧 저 너이 더우 꿍 테이 동 덧 버이 송 턴 니. 응이엠 쫑 데이.

최근 지구 곳곳에서 천재지변이 발생하잖아. 심각한 일이야.

B: Thì thế. Sợ thật, nào là khí hậu kì lạ, hồng thủy, động đất, hỏa hoạn bùng nổ, ...

티 테. 서 텃, 나오 라 기 허우 기 라, 홍 튀, 동 덧, 화 환 붕 노, ...

그러게 말이야. 이상 기온, 홍수, 지진, 화산 폭발…, 정말 무섭지.

A: Tương lai trái đất thật sự đáng lo quá.

뜨엉 라이 짜이 덧 텃 스 당 러 꽈.

정말 지구의 미래가 걱정된다.

263

VỊ TRÍ · PHƯƠNG HƯỚNG
비 찌·프엉 흐엉 **위치·방향**

□ **(bên) ngoài**
(벤) 응와이 **밖**

□ **(bên) trong**
(벤) 쫑 **안**

Cô ấy tiễn chồng từ trong nhà.
고 에이 띠엔 종 뜨 쫑 냐.
그녀는 남편을 집 안에서 배웅했다.

□ **(bên) trái** ↔ □ **(bên) phải**
(벤) 짜이 **왼쪽**　　(벤) 파이 **오른쪽**

□ **ở giữa** 어 즈어 **가운데**

Mũi tên bay trúng giữa hồng tâm.
무이 뗀 바이 쭝 즈어 홍 떰.
화살이 날아와 과녁 가운데 박혔다.

□ **đằng trước** ↔ □ **đằng sau**
당 쯔억 **앞**　　당 사우 **뒤**

□ **(bên) cạnh**
(벤) 가인 **옆**

Con chó ngủ cạnh chuồng nó.
건 저 응우 가인 주엉 너.
개집 옆에서 개가 졸고 있다.

□ **từ nhà ra ga** 뜨 냐 라 가 집에서부터 역까지

□ **(bên) trên** (벤) 쩬 위

□ **(bên) dưới**
(벤) 즈어이 아래, 밑

□ **đối diện** 도이 지엔 건너편

□ **khoảng cách**
쾅 가익 사이

관련 단어

□ **gần** 건 가깝다 ↔ **xa** 사 멀다

□ **lên trên** 렌 쩬 위로 ↔ **xuống dưới** 수엉 즈어이 아래로

□ **ở đây / đây** 어 더이 / 더이 여기

□ **đằng kia** 당 기어 저기

□ **đằng ấy** 당 어이 거기

□ **ở đâu** 어 더우 어디

□ **đi thẳng** 디 탕 똑바로 가다

□ **rẽ trái** 레 짜이 왼쪽으로 돌다

□ **phía bắc** 피어 박 북쪽

□ **phía nam** 피어 남 남쪽

□ **phia đông** 피어 동 동쪽

□ **phía tây** 피어 떠이 서쪽

TỪ TRÁI NGHĨA 뜨 짜이 응이어 반대말

□ to 떠 크다 ⟷ □ nhỏ 녀 작다

□ sáng 상 밝다 ⟷ □ tối 또이 어둡다

□ cao 가오 높다 ⟷ □ thấp 텁 낮다

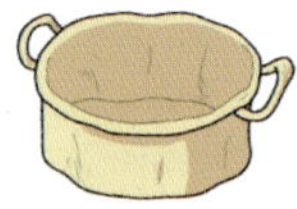

□ mới 머이 새롭다 ⟷ □ cũ 구 낡다

Cũ hơn không có nghĩa là không tốt bằng cái mới.
구 헌 콩 거 응어이 라 콩 똣 방 가이 머이,
낡은 것이 새로운 것보다 나쁜 것은 아니다.

☐ **nhẹ** 내 가볍다 ↔ ☐ **nặng** 낭 무겁다

☐ **rộng** 롱 넓다 ↔ ☐ **chật** 젓 좁다

☐ **nhanh** 냐인 빠르다 ↔ ☐ **chậm** 쩜 느리다

Nhanh hay chậm chỉ cần làm đúng việc mình là được.
나인 하이 쩜 지 건 람 둥 비엑 밍 라 드억.
좀 느리든 빠르든 자기 할 일을 하면 되겠지.

☐ **tốt** 똣 좋다 ↔ ☐ **xấu** 서우 나쁘다

☐ **đẹp** 뎁 아름답다 ↔ ☐ **xấu** 서우 추하다

Trông hoa này, đẹp mấy thì cũng đến lúc xấu đi thôi.
쫑 화 나이, 뎁 머이 티 꿍 덴 룩 서우 디 토이.
꽃을 봐. 아름다운 것도 언젠가는 추해지는 거야.

☐ **thẳng** 탕 팽팽하다, 꽉 조이다 ↔ ☐ **lệch** 렉 느슨하다

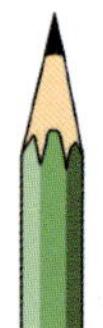 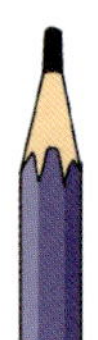

☐ **nhọn** 년 예리하다 ↔ ☐ **cùn** 군 무디다, 둔하다

☐ **sạch** 사익 깨끗하다 ↔ ☐ **bẩn** 번 더럽다

□ **mở** 머 열다 ↔ □ **đóng** 동 닫다

Làm gì mà cứ đóng mở cửa mãi thế, bực mình.
람 지 마 그 동 머 그어 마이 테, 븍 밍.
창문을 왜 자꾸 열었다 닫았다 하는 거니? 신경쓰이게.

□ **khô** 코 마르다, 건조하다 ↔ □ **ướt** 으엇 젖다, 습하다

□ **đầy** 더이 가득 차다 ↔ □ **trống rỗng** 쫑 롱 텅 비다

□ **ban ngày** 반 응아이 낮 ↔ □ **ban đêm** 반 뎀 밤

Hôm nay là thu phân khi ngày và đêm dài bằng nhau đấy.
홈 나이 라 투 펀 키 응아이 바 뎀 자이 방 냐우- 데이.
오늘은 밤과 낮의 길이가 같은 추분이야.

□ **chăm chỉ** ↔ □ **lười biếng**
참 치 부지런하다   르어이 비엥 게으르다

□ **giàu có** ↔ □ **nghèo khó**
저우 거 부유하다   응에우 커 가난하다

□ **tấn công** ↔ □ **phòng ngự**
떤 꽁 공격하다   퐁 응으 방어하다

Anh ấy là người cầm cả khiên phòng ngự và thương tấn công kia kìa.
아인 에이 라 응어이 껌 가 키엔 퐁 응으 바 트엉 떤 공 기어 기어.
그는 공격하는 창과 방어하는 방패를 둘 다 가진 사람이다.

□ **đã kết hôn** ↔ □ **còn độc thân**
다 껫 혼 결혼한   건 독 턴 미혼의

□ **cao** 가오 키가 크다
    ↔ □ **thấp / lùn** 텁/룬 키가 작다

□ **béo** 베우 뚱뚱하다
    ↔ □ **gầy** 거이 여위다, 마르다

□ **lạnh** 라인 춥다
    ↔ □ **nóng** 농 덥다

□ **hạnh phúc** 하잉 푹 행복하다
    ↔ □ **cô đơn** 고 던 괴롭다

□ **thích** 틱 좋아하다
    ↔ □ **ghét** 겟 싫어하다

□ **nhiều** 니에우 많다
    ↔ □ **ít** 잇 적다

□ **hoa lệ** 화 레 화려하다
    ↔ □ **đơn giản** 던 잔 소박하다

□ **mạnh** 마잉 강하다
    ↔ □ **yếu** 이에우 약하다

□ **bắt đầu** 밧 더우 시작하다
    ↔ □ **kết thúc** 겟 툭 끝나다

A: Người kia béo quá nên bị trêu đấy. Sao có thể tăng cân ác thế.
응어이 기어 베우 과 넨 비 쩨우 데이. 사오 거 테 땅 건 악 테.
저 사람 너무 뚱뚱해서 괴롭겠다. 왜 저렇게 살이 많이 쪘을까?

B: Bác sĩ đã nói rồi, béo phì cũng là bệnh đấy.
박 시 다 너이 로이, 베우 피 꿍 라 베잉 데이.
의사들이 하는 말이, 비만도 병이라더라.

271

나라 이름·수도 이름 및 인구

아시아 Châu Á 저우아

☐ 네팔 Nê-pan 네판
  ☐ 카트만두 Kathamandu 가타만두 ... 2,474만

☐ 대만 Đài Loan 다이 로안
  ☐ 타이베이 Đài Bắc 다이 박 ... 2,268만

☐ 라오스 Lào 라오
  ☐ 비엔티안 Viêng Chăn 비엥 잔 ... 560만

☐ 레바논 Lebanon 레바논
  ☐ 베이루트 Beirut 베이룻 ... 440만

☐ 말레이시아 Malaisia 말라이시아
  ☐ 쿠알라룸푸르 Kuala Lumpur 궐라 림풔 ... 2,500만

☐ 몽골 Mông Cổ 몽 고
  ☐ 울란바토르 Ulan Bator 울란 바도 ... 250만

☐ 미얀마 Myanma 미안마
  ☐ 네피도 Naypydaw 나퍼또 ... 5,217만

☐ 방글라데시 Băng-la-đét 방라뎃
  ☐ 다카 Đaka 다가 ... 1억3,810만

☐ 베트남 Việt Nam 비엣 남
  ☐ 하노이 Hà Nội 하노이 ... 8,206만

☐ 북한 Triều Tiên 찌에우 띠엔
  ☐ 평양 Bình Nhưỡng 빙 녕 ... 2,250만

□ 사우디아라비아 A Rập Saudi 아랍 서지   2,400만
  □ 리야드 Riyadh 리얏

□ 스리랑카 Sri Lanca 스릴란가   1,990만
  □ 콜롬보 Colombo 골롬보

□ 시리아 Syria 시리아   1,820만
  □ 다마쿠스 Damascus 다마거스

□ 싱가포르 Singapo 싱가포   420만
  □ 싱가포르 Singapo 싱가포

□ 아프가니스탄 Afghanistan 앞가니스탄   2,510만
  □ 카불 Kabul 가불

□ 예멘 Cộng hòa Yemen 공화 예멘   1,970만
  □ 사나 Sana 사나

□ 우즈베키스탄 Uzbekistan 우즈베키스탄   2,560만
  □ 타슈켄트 Tashkent 따스켄

□ 이라크 Irắc 이락   2000만
  □ 바그다드 Bát Đa 밧 다

□ 이란 Iran 이란   6,800만
  □ 테헤란 Tê-hê-ran 데헤란

□ 이스라엘 Do Thái / Israel 저 타이 / 이사렌   688만
  □ 예루살렘 Jerusalem 제루잘렘

□ 인도 Ấn Độ 언도   10억2,700만
  □ 뉴델리 Niu Đêli 니우 델리

□ 인도네시아 Indonesia 인도네시아   2억1천만
  □ 자카르타 Ja-cac-ta 자각다

일본 Nhật Bản 너잇 반 □ 도쿄 Tôkyô 도기오		1억2천만
중국 Trung Quốc 중 구억 □ 베이징 Bắc Kinh 박 깅		12억9천만
카자흐스탄 Kazakhstan 가작스탄 □ 아스타나 Astana 아스타나		1,490만
캄보디아 Cam-pu-chia 감 푸 지어 □ 프놈펜 Phnôm-pênh 프놈 펭		1,300만
태국 Thái Lan 타이 란 □ 방콕 Băng Cốc 방 곡		6,197만
터키 Thổ Nhĩ Kì 토 니 기 □ 앙카라 Ankara 안가라		6,700만
파키스탄 Pakistan 파키스탄 □ 이슬라마바드 Islamabad 이슬람마밧		1억4,872만
필리핀 Phi-lip-pin 필립펀 □ 마닐라 Manila 마닐라		8,150만
한국 Hàn Quốc 한 구억 □ 서울 Sê-ul 세울		4,850만

유럽 Châu Âu 저우 어우

그리스 Hi Lạp 히 랍 □ 아테네 Athena 아테나		1,094만

□ 네덜란드 Hà Lan 할 란
 □ 암스테르담 Am-stec-đam 암스덱담
1,620만

□ 노르웨이 Na-uy 나위
 □ 오슬로 Oslo 오슬로
457만

□ 덴마크 Đan Mạch 단 마익
 □ 코펜하겐 Cô-pen-ha-gen 고펜하겐
540만

□ 독일 Đức 득
 □ 베를린 Bec-lin 벡런
8,250만

□ 러시아 Nga 응아
 □ 모스크바 Mat-xcơ-va 마스거바
1억4,350만

□ 루마니아 Rumani 루마니
 □ 부쿠레슈티 Bucharest 부가렛
2,190만

□ 룩셈부르크 Luxembourg 룩셈부어
 □ 룩셈부르크 Luxembourg 룩셈부어
45만

□ 벨기에 Vương quốc Bỉ 브엉 구억 비
 □ 브뤼셀 Brussels 브루셀
1,030만

□ 스웨덴 Thụy Điển 투이 디엔
 □ 스톡홀름 Xtôc-khôm 스똑콤
901만

□ 스위스 Thụy Sĩ 투이 시
 □ 베른 Bern 번
739만

□ 스페인 Tây Ban Nha 떠이 반 냐
 □ 마드리드 Madrid 마드릿
4,269만

□ 아일랜드 Ai Len 아이 렌
 □ 더블린 Dublin 더블린
392만

☐ 영국 **Anh** 아인
  ☐ 런던 **Luân Đôn** 루언 돈
5,923만

☐ 오스트리아 **Áo** 아오
  ☐ 빈 **Viên** 비엔
810만

☐ 우크라이나 **U-crai-na** 우그라이나
  ☐ 키예프 **Kiev** 기엡
4,660만

☐ 이탈리아 **Ý / Italia** 이 / 이달리아
  ☐ 로마 **Rôm** 롬
5,700만

☐ 체코 **Cộng hòa Séc** 공화 섹
  ☐ 프라하 **Praha** 프라하
1,000만

☐ 포르투갈 **Bồ Đào Nha** 보 다오 냐
  ☐ 리스본 **Lisbon** 리스본
1,053만

☐ 폴란드 **Ba Lan** 발 란
  ☐ 바르샤바 **Vac-xa-va** 바사바
3,830만

☐ 프랑스 **Pháp** 팝
  ☐ 파리 **Pari** 파리
6,168만

☐ 핀란드 **Phần Lan** 펀인 란
  ☐ 헬싱키 **Helsinki** 헬신기
524만

☐ 헝가리 **Hung-ga-ri** 홍가리
  ☐ 부다페스트 **Bu-đa-pet** 부다펫
1,009만

□ 가나 Gana 가나
  □ 아크라 Acra 아그라 · · · 2,090만

□ 나이지리아 Ni-giê-ri-a 니제리아
  □ 아부자 Abuja 아부자 · · · 1억3500만

□ 남아프리카공화국 Nam Phi 남 피
  □ 프리토리아 Pretoria 프리도리아 · · · 4,483만

□ 모로코 Ma Rốc 마 록
  □ 라바트 Rabat 라밧 · · · 3,008만

□ 수단 Xu Đăng 수 당
  □ 하르툼 Khartoum 캇더움 · · · 3,361만

□ 알제리 An-giê-ri 안제리
  □ 알제 An-giê 안제 · · · 3,180만

□ 에티오피아 Ê-thi-ô-pi-a 에티오퍼아
  □ 아디스아바바 Addis-Abeba 아지스 아베라 · · · 7,000만

□ 우간다 U-gan-đa 우간다
  □ 캄팔라 Kampala 감팔라 · · · 2,590만

□ 이집트 Ai Cập 아이 겁
  □ 카이로 Cai-rô 가이로 · · · 6,920만

□ 케냐 Kenya 껜니야
  □ 나이로비 Nairobi 나이로비 · · · 3,240만

□ 탄자니아 Tanzania 따쟌니아
  □ 다르에스살람 Dodoma 도도마 · · · 3,520만

오세아니아 Châu Úc 저우 욱

□ 뉴질랜드 Niu-di-lân 니우 지 런   403만
  □ 웰링턴 Wel-ling-tơn 웰링턴

□ 호주 Úc 욱   1,900만
  □ 캔버라 Canberra 간베라

아메리카 Châu Mỹ 저우 미

□ 멕시코 Mexico 메시코   1억350만
  □ 멕시코시티 Mexico city 메시코 시디

□ 미국 Mỹ 미   3억1백만
  □ 워싱턴 Oa-sin-tơn 와신턴

□ 베네수엘라 Vênêzuêla 베네주엘라   2,500만
  □ 카라카스 Caracas 가라가스

□ 브라질 Brazil 브라질   1억8천만
  □ 브라질리아 Rio-de-jai-nero 리오 더 자 네로

□ 아르헨티나 Ac-hen-ti-na 아헨디나   3,810만
  □ 부에노스아이레스 Buenos Aires 부에노스 아이어스

□ 칠레 Chi Lê 칠 레   1,596만
  □ 산티아고 Santiago 산디아고

□ 캐나다 Ca-na-đa 가나다   3,000만
  □ 오타와 Ottawa 오따와

| | □ 콜롬비아 Côlômbia 골롬비아 | |
| | □ 보고타 Bogotá 보고다 | 4,400만 |

□ 쿠바 Cu Ba 구바
□ 아바나 La Habana 라 하바나 — 1,100만

□ 페루 Pê-ru 페루
□ 리마 Lima 리마 — 2,700만

관련 단어

□ **thế giới** 테 저이 세계
□ **quốc gia / nước** 구억 자 / 느억 나라, 국가
□ **công dân** 공 전 국민
□ **dân số** 전 소 인구
□ **thủ đô** 투 도 수도
□ **thành phố** 타잉 포 도시
□ **làng** 랑 마을
□ **quê hương** 구에 흐엉 고향
□ **văn hóa** 반 화 문화

□ **nước độc lập** 느억 독 럽 독립국
□ **nước cộng hòa** 느억 공 화 공화국
□ **nước quân chủ lập hiến** 느억 구언 주 럽 히엔 왕국

□ **nước phát triển** 느억 팟 찌엔 선진국
□ **nước đang phát triển** 느억 당 팟 찌엔 개발도상국
□ **nước chậm tiến** 느억 점 띠엔 후진국

1 다음 단어를 베트남어 혹은 우리말로 고쳐 보세요.

a) 얼룩말 ____________   코끼리 ____________

뱀 ____________   호랑이 ____________

사슴 ____________

b) 백조 ____________   chim én ____________

독수리 ____________   부엉이 ____________

학 ____________

2 다음 그림과 단어를 연결해 보세요.

·   ·   ·   ·   ·

·   ·   ·   ·   ·

châu chấu   đom đóm   nhện   chuồn chuồn   bướm

3 다음 보기에서 단어를 골라 빈칸에 써넣어 보세요.

a) tôm   cá chép   cá hồi   cá ngừ   cá mập   cá voi
b) nho khô   dâu tây   đào   quả hồ đào   quả sung
   củ lạc
c) mầm cây   lá cây   hạt giống   cây tre   cây sồi
   cây thông

a) 참치 _________   새우 _________   연어 _________

   잉어 _________   상어 _________   고래 _________

b) 호두 _________   무화과 _________   딸기 _________

   복숭아 _________   땅콩 _________   건포도 _________

c) 잎 _________   싹 _________   씨앗 _________

   떡갈나무 _________   대나무 _________   소나무 _________

d) 해바라기 _________   민들레 _________   제비꽃 _________

   난초 _________   연꽃 _________

4 다음 그림과 단어를 연결해 보세요.

cà rốt   ớt   dưa chuột   nấm   tỏi

5 다음 단어를 베트남어 혹은 우리말로 고쳐 보세요.

a) 호수 _________   언덕 _________

vách đứng _________   숲 _________

tảng đá _________   북쪽 _________

b) 눈 _________   mây _________

하늘 _________   gió _________

얼음 _________   비 _________

c) 기름 _________   điện _________

불 _________   빛 _________

nước _________   소리 _________

d) 회색 _________   màu vàng _________

갈색 _________   녹색 _________

màu ngà voi _________   màu bạc _________

e) 해 _________   trái đất _________

달 _________   보름달 _________

별 _________   dải ngân hà _________

f) 섬 _________   육지 _________

sa mạc _________   해협 _________

đường xích đạo _________   바다 _________

6 다음 빈칸에 알맞은 베트남어를 써넣어 보세요.

a) 밖으로 나가자. Ra _________ đi.

b) 집에서부터 역까지 _________ nhà _________ ga

c) 바다 밑에서 ___________ biển

7 다음 빈칸에 알맞은 베트남어 혹은 우리말을 써넣어 보세요.

a) to 크다 — ___________ 작다

 sáng ___________ — ___________ 어둡다

b) ___________ 넓다 — chật ___________

 hạnh phúc 행복하다 — ___________ 괴롭다

c) ___________ 깨끗하다 — ___________ 더럽다

 giàu có 부유하다 — ___________ 가난하다

8 다음을 우리말로 고쳐 보세요.

a) Thái Lan ___________ Nhật Bản ___________

 Úc ___________ Trung Quốc ___________

 Ấn Độ ___________ Thổ Nhĩ Kỳ ___________

b) Mỹ ___________ Anh ___________

 Đức ___________ Ý ___________

 Pháp ___________ Nga ___________

c) thế giới ___________ thủ đô ___________

 văn hóa ___________ công dân ___________

 quốc gia ___________ làng ___________

1 a) (con) ngựa vằn   (con) voi   (con) rắn   (con) hổ   (con) hươu
 b) thiên nga   제비   chim đại bàng   chim cú   학

2 거미 – nhện   잠자리 – chuồn chuồn   나비 – bướm   메뚜기 – châu chấu
 개똥벌레 – đom đóm

3 a) cá ngừ   tôm   cá hồi   cá chép   cá mập   cá voi
 b) quả hồ đào   quả sung   dâu tây   đào   củ lạc   nho khô
 c) lá cây   mầm cây   hạt giống   cây sồi   cây tre   cây thông
 d) hoa hướng dương   hoa bồ công anh   hoa nhạn   hoa lan
  hoa sen

4 오이 – dưa chuột   마늘 – tỏi   당근 – cà rốt   버섯 – nấm   고추 – ớt

5 a) hồ nước   đồi núi   절벽   rừng   바위   phía bắc
 b) tuyết   구름   bầu trời   바람   băng   mưa
 c) dầu   전기   lửa   ánh sáng   물   âm thanh
 d) màu ghi   노란색   màu nâu   màu xanh lục   상아색   은색
 e) mặt trời   지구   mặt trăng   trăng tròn   sao   은하계
 f) đảo   lục địa   사막   eo biển   적도   biển

6 a) ngoài
 b) từ   ra
 c) dưới

7 a) nhỏ   밝다   tối
 b) rộng   좁다   cô đơn
 c) sạch sẽ   bẩn   nghèo khó

8 a) 태국   일본   호주   중국   인도   터키
 b) 미국   영국   독일   이탈리아   프랑스   러시아
 c) 세계   수도   문화   국민   나라   마을

Index

한글 색인

베트남어 색인

● Theme 9의 unit 17 나라 이름·수도 이름 및 인구 부분과 dialogue_hội thoại / 베트남 문화 엿보기 부분 등은 색인에서 제외하였습니다.

베트남어 색인

베트남어 색인

319

한글 색인
베트남어 색인

베트남어 색인

D d

Đ đ

H h

337

웹하드에서
mp3 파일 다운 받는 방법

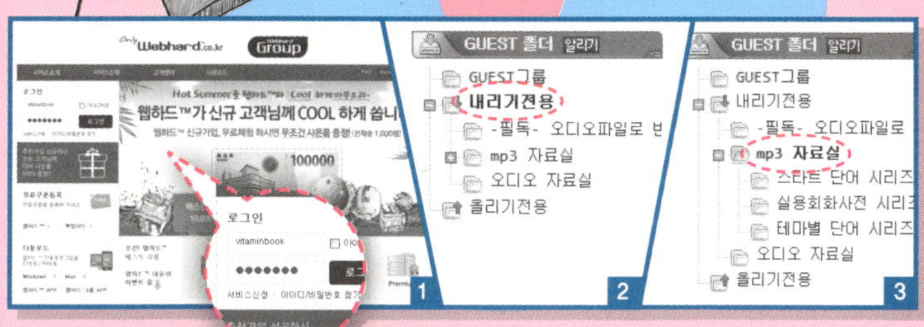

💬 다운 방법

STEP 01
웹하드 (www.webhard.co.kr) 에 접속
아이디 (vitaminbook) 비밀번호 (vitamin) 로그인 클릭

STEP 02
내리기전용 클릭

STEP 03
Mp3 자료실 클릭

STEP 04
테마별 회화 베트남 단어 2300 클릭하여 다운

한 번만 봐도 기억에 남는

테마별 회화 베트남단어 2300

초판 8쇄 발행 | 2023년 3월 30일

엮은이 | VLE연구소
편 집 | 이말숙
디자인 | 윤지선
그린이 | 김만영, 최 혁
펴낸이 | 박영진
제 작 | 선경프린테크

펴낸곳 | Vitamin Book
등 록 | 제318-2004-00072호
주 소 | 07251 서울특별시 영등포구 영신로 40길 18 윤성빌딩 405호
전 화 | 02) 2677-1064
팩 스 | 02) 2677-1026
이메일 | vitaminbooks@naver.com
웹하드 | ID vitaminbook   PW vitamin

©2013 Vitamin Book

ISBN 978-89-92683-54-8 (13730)

잘못 만들어진 책은 바꿔드립니다.